《上海市妇女权益保障条例》释义

《〈上海市妇女权益保障条例〉释义》编写组 编

上海人民出版社

编　委　会

主　任：马列坚　赵永峰

委　员：王剑璋　周　宏

编　写　组

主　编：马列坚

副主编：王剑璋

撰稿人：陆荣根　杜雨洁

王　娟　乔　骏

李　峰　张善根

郑依彤　杜伟杰

袁　媛　赵俊宇

总编审：黄　钰

前　言

2022年11月23日，上海市第十五届人大常委会第四十六次会议审议通过了《上海市妇女权益保障条例》(以下简称《条例》)，与同年10月30日第十三届全国人大常委会第三十七次会议修订通过的《中华人民共和国妇女权益保障法》同步于2023年1月1日起实施。

《妇女权益保障法》的修订与《条例》的出台，是坚持以习近平新时代中国特色社会主义法治思想为指导，全面贯彻落实党的二十大精神，坚持以人民为中心的发展理念，贯彻落实男女平等基本国策，促进妇女全面发展，保障妇女合法权益，着力回应群众需求，及时固化成功经验，不断完善相关制度机制的生动的法治成果。

法律的生命在于实施。为了更好地宣传、实施好《条例》，为了让广大群众尽快熟知和了解《条例》的具体内容，帮助更多妇女学会拿起法律的武器来保护自己，让更多的用人单位和公众了解保障妇女权益的法定义务，让更多政府相关部门肩负起法定职责，上海市妇女联合会和市人大相关部门参与立法的同志及专家团队共同编写了这本

《〈上海市妇女权益保障条例〉释义》(以下简称《释义》),旨在帮助社会各方面深入了解立法原意,准确把握此次立法的重要意义和主要内容。《释义》由上海市妇女联合会主席马列坚和市人大社会建设委员会主任委员赵永峰担任主编,市妇女联合会副主席王剑璋、市人大社会建设委员会副主任委员周宏担任副主编,《条例》起草专班成员陆荣根、王娟、乔骏、杜雨洁、张善根、郑依彤等参与了撰写,原市人大常委会法工委副主任黄钰担任总编审。这本《释义》力求准确、详实、通俗地逐条阐述立法原意和立法依据,部分法条还引用了实际案例或成功经验,尽量使这本《释义》具有指导性、实用性。但由于时间和水平有限,不妥和疏漏之处恐难以完全避免,对不妥之处,敬请广大读者批评指正。

编者

2023 年 7 月

目　录

第一部分

释　　义

第一章　总　　则

第一条　为了保障妇女的合法权益，促进男女平等和妇女全面发展，充分发挥妇女在全面建设社会主义现代化国家中的作用，弘扬社会主义核心价值观，根据《中华人民共和国妇女权益保障法》等法律、行政法规，结合本市实际，制定本条例。

［释义］　本条是关于立法目的和立法依据的规定。

妇女与男子一样是人类文明的开创者、社会进步的推动者，是全面建设社会主义现代化国家的重要力量。在2015年全球妇女峰会上，习近平总书记强调“没有妇女，就没有人类，就没有社会”。保障妇女权益、促进妇女发展、推动男女平等，对国家经济社会发展和中华民族文明进步具有重要意义。进入新时代，妇女在政治、文化、劳动和社会保障、人身、财产、婚姻家庭等方面日益增长的对美好生活的向往，对保障妇女权益工作提出了更高要求。目前，我国已经基本形成了以《中华人民共和国宪法》为根据，以《中华人民共和国妇女权益保障法》为主体，包括《中华人民共和国民法典》《中华人民共和国劳动法》《中华人民共和国反家庭暴力法》《中华人民共和国母婴保健法》《女职工劳动保护特别规定》等法律、法规、规章在内的一整套保障妇女权益和促进妇女发展的法律体系；建立健全了与之相应的保障妇女权益的组织机构；采取了有力的措施，有效地推动了妇女事业的发展。

上海历来高度重视保护妇女权益和促进妇女发展，注重在法治轨道加强相关制度供给。早在1985年2月28日，上海市第八届人大常委会第十三次会议就通过了《上海市保护妇女、儿童合法权益的若干规定》。1990年2月15日，上海市第九届人大常委会第十五次会议通过了《上海市妇女儿童保护条例》。1992年《中华人民共和国妇女权益保障法》出台后，上海市第十届人大常委会第十四次会议于1994年12月8日通过了《上海市实施〈中华人民共和国妇女权益保障法〉办法》，之后又作了数次修改。此外，上海还出台了《上海市母婴保健条例》《上海市人口与计划生育条例》《上海市职工代表大会条例》《上海市女职工劳动保护办法》等与妇女权益密切相关的法规规章，初步形成了保障妇女权益的制度条例。2022年，随着《中华人民共和国妇女权益保障法》立法修订，上海市人大紧随其后启动了相关立法工作。通过立新废旧，废除偏重实施性的《上海市实施〈中华人民共和国妇女权益保障法〉办法》，制定更全面、更综合、更能体现上海妇女权益保护实际需要的《条例》，充分彰显了本市妇女权益保障在更高水平上的创新和发展。

一、立法目的

“保障妇女的合法权益,促进男女平等和妇女全面发展,充分发挥妇女在全面建设社会主义现代化国家中的作用,弘扬社会主义核心价值观”就是制定《条例》的目的。

(一) 保障妇女的合法权益

一是保障妇女享有同男子平等的合法权益。妇女的合法权益是一种法定的、广泛的权益。《中华人民共和国宪法》第四十八条规定:“中华人民共和国妇女在政治的、经济的、文化的、社会的和家庭的生活等各方面享有同男子平等的权利。”二是保障妇女享有的特殊权益。主要是针对妇女在生理上的特点,保护其特殊权益。比如,《中华人民共和国劳动法》第五十九条规定:“禁止安排女职工从事矿山井下、国家规定的第四级体力劳动强度的劳动和其他禁忌从事的劳动。”

(二) 促进男女平等和妇女全面发展

男女平等,是宪法确立的一条重要原则,也是我国的基本国策,主要是指男女在政治、经济、文化、社会和家庭等方面,享有同等的权利,负担同等的义务。妇女全面发展,是人类社会发展进程中的重要命题,也是根据新修改的《中华人民共和国妇女权益保障法》增加的内容。男女平等和妇女全面发展程度,是衡量社会文明进步的重要标志。

（三）充分发挥妇女在全面建设社会主义现代化国家中的作用

妇女与男子一样是人类文明的开创者、社会进步的推动者，是全面建设社会主义现代化国家的重要力量。保障妇女权益，就是为广大妇女在全面建设社会主义现代化国家新征程中发挥作用、作出贡献提供法治保障。对广大妇女来说，不仅应树立正确的世界观、人生观、价值观，进一步弘扬时代精神，也应增强历史使命感和社会责任感，不断追求新知识，掌握新技能，提高自身的科学文化水平和素养。

（四）弘扬社会主义核心价值观

习近平总书记曾深刻指出，“要用法律来推动核心价值观建设”，社会主义核心价值观是社会主义核心价值体系最深层的精神内核，具有强大的感召力、凝聚力和引导力。社会主义核心价值观的培育和践行离不开社会主义法制切实有力的保障。法律法规体现鲜明的价值导向，直接影响人们对社会主义核心价值观的认知认同和自觉践行。妇女权益是基本人权。贯彻男女平等基本国策、促进妇女全面发展、对妇女给予特殊保护等要求，是社会主义核心价值观中平等、自由、公正、法治的具体体现。此外，家庭美德是社会主义核心价值观的重要组成部分。妇女在弘扬家庭美德、树立良好家风中起重要作用，发挥好妇女独特作用，对于推动社会主义核心价值观在家庭落地生根至关重要。

二、立法依据

《条例》的立法依据主要有两个，一是法律依据，包括《中华人民共和国妇女权益保障法》以及涉及妇女权益的相关法律、行政法规等；二是现实依据，主要是上海保障妇女权益，以及妇女工作的现状、做法、经验等。

第二条 本市行政区域内的国家机关、社会团体、企业事业单位、基层群众性自治组织以及其他组织和个人，应当遵守本条例。

［释义］ 本条是关于适用范围的规定。

法的适用范围，即法的效力，通常是指法在什么时间和空间范围内，对什么对象（人、事项）具有效力，包括法的空间效力、时间效力和对象效力三个方面。本条主要对《条例》的空间效力和对象效力作了规定，时间效力规定在《条例》第七十条。

1. 空间效力。《条例》适用的空间（地域）范围，是上海行政区域内，在本市行政区域内具有统一的法律效力。

2. 对象效力。凡是在本市行政区域内的一切国家机关、社会团体、企业事业单位、基层群众性自治组织以及其他组织和个人，都应当遵守本条例，具有普适性。

第三条 本市落实男女平等基本国策。妇女在政治的、经济的、文化的、社会的和家庭的生活等各方面享有同男子平等的权利。保障妇女的合法权益是全社会的共同责任。

本市采取必要措施，促进男女平等，消除对妇女一切形式的歧视，禁止排斥、限制妇女依法享有和行使各项权益。本市保护妇女依法享有的特殊权益。

本市采取有效措施，为妇女依法行使权利提供必要的条件，逐步完善各项制度，保障男女享有同等机会，获得同等资源，得到同等发展。

[释义] 本条是关于本市落实男女平等基本国策，维护妇女合法权益的原则性规定。

本条从地方贯彻落实党和国家方针政策的角度，重申上海落实男女平等基本国策，这不仅是规范意义上的宣示，也是上海对促进男女平等、保障妇女权益的庄严承诺。《条例》保护的主体是妇女，调整的对象是保障妇女权益的有关事项，全社会都有责任保障妇女的合法权益。具体来讲，主要是保障妇女依法享有的政治权利、人身和人格权益、文化教育权益、劳动和社会保障权益、财产权益、婚姻家庭权益等，与此对应，《条例》设立了六章对上述内容作了详细规定。

本条第二款首次将联合国《消除对妇女一切形式歧视公约》的“消歧”观念引入立法，并提出本市要采取必要措施，消除对妇女一切形式的歧视，保护妇女特殊权益。对妇女的歧视，是人们对于女性的一种不公平的对待，具体有很多表现形式，比如，女性就业机会不平等、男女同工不同酬、对妇女的家庭暴力等。本条要求本市采取必要措施促进男女平等,消除对妇女一切形式的歧视,禁止排斥、限制妇女依法享有和行使各项权益。所谓妇女的特殊权益,不是男女平等权利之上的特权,而是为了真正实现男女平等,依法赋予妇女的特殊权益。保护妇女依法享有的特殊权益,也是国家法律的规定。《妇女权益保障法》第二条第三款规定:“国家保护妇女依法享有的特殊权益。”对妇女权益实行特殊保护有两层内容:(1)国家依法保护妇女基于其性别特征的特殊权益。如妇女在经期、孕期、产期、哺乳期中的权益,国家应当给予充分保护。(2)为了消除男女之间事实上的不平等,国家有必要在法律上采取具有针对性的特殊保护措施,逐步完善对妇女的权益保障制度,以保障妇女权益得到全面实现。如《民法典》第一千零八十七条确立了关于离婚判决分割共同财产时照顾女方的原则,体现了我国法律追求实质公平的价值取向。具体而言,究竟哪些权益是妇女享有的特殊权益,需要结合相关法律、法规、规章等的具体规定。

本条第三款是本市创设条款,目的是在消除歧视的基础上进一步促进性别平等发展。2020 年 10 月 1 日,习近平总书记在联合国大会纪念北京世界妇女大会二十五周年高级别会议上提出四点中国主张:第一,帮助妇女摆脱疫情影响;第二,让性别平等落到实处;第三,推动妇女走在时代前列;第四加强全球妇女事业合作。本条明确本市要采取有效措施,为妇女依法行使权利提供必要的条件,逐步完善各项制度，进而实现男女享有同等机会、获得同等资源、得到同等发展，这是本市对落实联合国第四次世界妇女大会通过的旨在提高全球妇女地位的《北京宣言》和《行动纲领》，实现四点中国主张，将妇女权益保障上升为国家意志、内化为行为准则的立法实践，具有重要法治意义。

第四条 本市弘扬上海妇女运动优良传统，传承红色基因，引导妇女发扬爱国奉献精神，发挥妇女积极性、主动性、创造性，展现新时代女性风采，推动妇女事业高质量发展。

本市发挥妇女在经济社会建设、社会生活和家庭生活等方面的作用，支持妇女立足本职、巾帼建功，积极投身社会治理和社区公共事务。

鼓励妇女自尊、自信、自立、自强，运用法律维护自身合法权益。

［释义］ 本条是关于本市妇女权益保障工作传承创新的规定。

上海的妇女运动具有优良的传统，带有红色基因。从兴女学、废缠足，到办女校、办女报，从批判封建纲常、宣传男女平等、要求参政，到呼吁妇女走出家庭、投身社会、参加革命，上海的妇女运动走在了全国的前列。

“五四”运动后，上海成为马克思列宁主义的传播中心，揭开了上海妇女运动的新篇章。

中国共产党在上海成立后，上海妇女运动在中国共产党的直接领导下进行。1922年7月，中共中央在上海召开的第二次全国代表大会上作出《关于妇女运动的决议》，为妇女运动指明了方向。这是上海妇女运动由自发到自觉的历史转折。

第一次国共合作时，上海妇女建立统一战线组织，参加国民革命，经历了国民会议运动、五卅运动和第三次工人武装起义。起义胜利后，上海妇女首次获得参政权，市民代表大会有了女代表，新生的上海特别市临时政府中有了女委员。“四一二”反革命政变后，中共组织转入地下，妇女运动一度低落。

抗日救亡运动中，上海广大爱国妇女又活跃起来，为民族独立而战斗，在“九一八”事变后，“一·二八”“一二·九”“八一三”掀起了三次抗日热潮。租界外围沦陷、上海成为“孤岛”后，妇女运动转为隐蔽的抗日活动。抗日战争胜利后，上海妇女又为反对国民党发动的内战而斗争。

解放战争时期，上海妇女参加了第二条战线的战斗，终于迎来了上海的解放。上海妇女从此结束了被压迫、被奴役的历史，上海妇女运动开始了新的里程。

中华人民共和国成立后，上海妇女和全国人民一样翻身做了国家的主人。《宪法》和《婚姻法》等一系列国家法律中，都规定了男女公民的基本权利一律平等，妇女的合法权益得到了保障。但是,限于社会经济文化的发展水平,妇女就业问题、歧视妇女的封建思想观念和旧习惯势力的问题等,还没有立时解决,上海妇女为实现事实上的男女平等而继续努力奋斗。

上海解放后不久,上海市民主妇女联合会(后改名为上海市妇女联合会,以下简称市妇联)成立。在中华全国妇女联合会(以下简称全国妇联)的指导和中共上海市委的直接领导下,市妇联围绕党在各个时期的中心任务,根据妇女的特点开展活动,使妇女运动与整个社会主义建设事业密切结合起来。上海妇女解放的程度,与上海社会经济的发展紧紧相连,息息相关。

解放初期,上海妇女继续参加反帝反封建斗争,经历了抗美援朝、土地革命、贯彻《婚姻法》、普选等运动,获得了土地所有权、婚姻自主权和选举权与被选举权。在社会主义改造中,上海妇女积极参加"三反""五反"、对资本主义工商业的社会主义改造和农业合作化运动,工商业者家属在对私改造中发挥了特殊的重要作用。

在社会主义建设中,大批家庭妇女走出家庭,参加社会生产劳动,从而获得了经济上的独立地位,有了实现男女平等的基础。在"勤俭建国、勤俭持家"方针指引下,各界妇女投入市妇联发动的争当社会主义建设积极分子的比、学、赶、帮劳动竞赛,涌现出一批先进分子,成为各条战线的骨干力量。

1978年12月,党的十一届三中全会召开,中国进入改革开放和社会主义现代化建设新时期。上海妇女在政治、经济、文化和家庭等方面的地位都发生了根本性的变化。妇女的各项权益得到了充分保障,妇女在社会生活和家庭生活中的独特作用进一步彰显,两性协调发展、家庭成员间互助、互敬、互爱,和睦团结的气氛不断增强。广大妇女必将赓续红色血脉,传承红色基因,投身到上海的建设中,谱写新的伟大篇章。

回顾上海妇女运动的光辉历程,本条第一款突出传承创新,明确本市弘扬上海妇女运动优良传统,传承红色基因,引导广大妇女发扬爱国奉献精神,立足岗位、主动作为,在各条战线上勇于担当、奋勇争先,充分展示新时代上海女性的新风貌。同时,本条第二款总结近年来妇女在参与社区建设和社会治理中的成功经验,支持妇女在社会治理和社区公共事务中发挥更有效的作用。

1983年9月2日,在中国妇女第五次全国代表大会上,康克清同志作了题为《奋发自强,开创妇女运动新局面》的工作报告。报告在谈到今后五年我国妇女的光荣任务时说:"我们要'自尊、自爱、自重、自强',勇敢地捍卫法律赋予自己的神圣权利。"从此,"四自"教育成为妇女工作的一个重要内容,成为改革开放新时期广大妇女最熟悉的口号。本条第三款贯彻《妇女权益保障法》的相关规定,鼓励广大妇女在新时代继续发扬"四自"精神,积极迈向发展新天地,取得事业新成就,并注重加强法律学习,有理、有利、有节地依法维护好自身合法权益。

第五条 坚持中国共产党对妇女权益保障工作的领导,建立政府主导、各方协同、社会参与的保障妇女权益工作机制。

各级人民政府应当重视和加强妇女权益的保障工作。

市、区人民政府设立的妇女儿童工作委员会负责组织、协调、指导、督促本行政区域内的有关部门做好妇女权益的保障工作。

教育、民政、财政、公安、司法行政、卫生健康、人力资源和社会保障、医疗保障、市场监管、网信、经济信息化、住房城乡建设管理、交通、农业农村、绿化市容、统计等有关部门在各自的职责范围内做好妇女权益的保障工作。

[释义] 本条是坚持党的领导,明确政府的妇女权益保障职责的规定。

本条是依据上位法并结合上海实际作的相关规定。

一、坚持中国共产党对妇女权益保障工作的领导

妇女权益是基本人权。坚持党的领导是做好妇女权益保障工作的根本保证。党的十八大以来,以习近平同志为核心的党中央高度重视妇女事业发展,把保障妇女权益作为坚定的国家意志。习总书记多次就坚持男女平等基本国策、保障妇女儿童合法权益作出一系列重要论述,推动妇女平等依法行使民主权利、平等参与经济社会发展、

平等享有改革发展成果，指引中国妇女事业发展始终沿着正确政治方向阔步前行。习总书记强调，要把保障妇女权益系统纳入法律法规，上升为国家意志，内化为社会行为规范；要坚持男女平等基本国策，在出台法律、制定政策、编制规划、部署工作时充分考虑两性的现实差异和妇女的特殊利益；要抓好妇女发展纲要实施，改善发展环境，解决发展中的突出问题，依法维护妇女权益，严厉打击侵害妇女权益的违法犯罪行为；要强化社会服务，优先保障孕产妇、儿童等特殊人群，格外关心贫困妇女、老龄妇女、残疾妇女等困难群体，为她们做好事、解难事、办实事。这些论述充分体现了党和国家保障妇女权益的坚定意志和决心，为保障妇女平等享有政治、经济、文化、社会、家庭等各方面权益提供了行动指南。党的十八大以来，以习近平同志为核心的党中央站在党和国家事业发展全局的高度，将促进男女平等和妇女全面发展放在统筹推进“五位一体”总体布局和协调推进“四个全面”战略布局的大格局之中，擘画推进妇女事业、妇联工作、妇联改革，用创新理论引航妇女事业发展，用显著制度优势为妇女发展保驾护航，引领妇女事业取得突破性进展。

坚持中国共产党的领导，是做好妇女事业的核心和关键。在革命、建设、改革各个历史时期，我们党始终把坚持实现妇女解放和发展、实现男女平等写在自己奋斗的旗帜上，始终把广大妇女作为推动党和人民事业发展的重要力量，始终把妇女工作放在重要位置，领导广大妇女在争取民族独立和人民解放的伟大征程中实现自我解放，在社会主义革命和建设的伟大实践中实现全面发展，我国妇女运动取得了历史性成就，开辟了中国特色社会主义妇女发展道路。在党的领导下，我国妇女社会地位得到历史性根本改变，广大妇女真正成为国家和社会的主人。为此，本条第一款贯彻《妇女权益保障法》的修订精神，旗帜鲜明地规定中国共产党对妇女权益保障工作的根本领导，这既是对历史成功经验的高度总结，也是今后更好地开展妇女权益保障工作的根本保证，确保新时代妇女权益保障事业始终坚持正确政治方向。

二、明确建立政府主导下的各方协同、社会参与的工作机制

妇女权益保障工作涉及范围广、部门多，需要各方共同努力，推动建立集中统一、运行高效的妇女权益保障工作机制。一是政府要承担主导责任。做好妇女权益保障工作是各级人民政府的重要职责，所谓政府主导责任，就是政府在履行妇女权益保障工作职责时，要发挥前瞻性、战略性、主动性、规划性、指导性和服务性作用。如政府部门要牵头制定保障规划方案，要制定相关制度措施并组织落实等。二是各方协同。妇女权益保障工作需要有关方面在各自职责范围内履职尽责，在具体工作中相互支持、彼此配合、鼎力协作，共同努力推进相关保障工作。三是社会参与。妇女权益保障工作除要求政府及其相关部门履职尽责外,更需要来自企业事业单位、社会组织、每个市民积极参与、共同发力,推动形成人人关心、人人参与做好妇女权益保障工作的浓厚社会氛围。

三、各级人民政府应当重视和加强妇女权益保障工作

做好妇女权益保障工作,首先政府部门承担主要责任,各级人民政府应当把妇女权益保障工作作为重点内容,加强对妇女权益保障工作的领导监督,为妇女权益保障提供支持和帮助。各级人民政府在制定实施有关规范性文件时,应当结合妇女群体实际情况,高度重视并加强落实妇女权益保障任务。各级人民政府要及时回应妇女群体的合理诉求,妥善解决涉及妇女的社会矛盾,实现好、维护好、发展好妇女切身利益;建立妇女维权协调机制,对有需要的妇女给予法律援助,协调处理侵害妇女权益的案件;建立妇女维权工作预警机制,增强维权工作的预见性和有效性;完善妇女维权宣传机制,增强全社会维护妇女权益的意识,提升妇女自身依法维权的能力;健全帮扶机制,帮助有困难的妇女群体解决生产生活中的实际问题等。

四、妇女儿童工作委员会

市、区人民政府设立负责妇女儿童工作的机构,主要指的是市、区妇女儿童工作委员会。负责组织、协调、指导、督促有关部门做好妇女权益的保障工作。

五、政府相关部门

明确相关部门应积极担当作为，认真履职尽责，通力协作，在各自的职责范围内做好妇女权益保障工作。本条第四款具体明确相关部门对在妇女权益保障工作中拖延、推诿、扯皮等现象，可以及时予以纠正查处，依法追究有关单位和责任人员的法律责任。

第六条 市、区人民政府成立妇女儿童工作委员会，下设办事机构，配备专职工作人员，保障工作经费。

乡镇人民政府、街道办事处成立妇女儿童工作委员会，配备工作人员，提供工作经费。

各级妇女儿童工作委员会组织本条例的实施，履行下列职责：

（一）组织宣传男女平等基本国策以及保障妇女权益的法律、法规、规章和其他规范性文件，检查、督促有关法律、法规、规章和其他规范性文件的贯彻实施；

（二）协调、推动妇女权益保障工作的重大事项，参与涉及妇女权益重大问题的地方性法规、政府规章和其他规范性文件的制定或者修改；

（三）协调、指导有关部门做好妇女权益保障工作；

（四）督促有关部门依法查处侵害妇女权益的行为；

（五）其他应当由妇女儿童工作委员会履行的职责。

［释义］ 本条是对妇女儿童工作委员会职责的规定。

保障妇女合法权益是一项系统的复杂的工程，涉及多个部门,这些部门之间可能会存在职能分工不清楚的现象,既可能出现交叉重叠和互相推诿,也有可能出现无人管理的真空地带,一旦发生妇女权益受到侵害的情况,被害人不知该向谁求助,因而无法获得及时的帮助。1990 年 2 月 22 日,国务院妇女儿童工作委员会的前身国务院妇女儿童工作协调委员会正式成立,取代了由原全国妇联牵头的全国儿童少年工作协调委员会,成为国务院负责妇女儿童工作的议事协调机构。1993 年 8 月 4 日,国务院妇女儿童工作协调委员会更名为国务院妇女儿童工作委员会,简称国务院妇儿工委,负责协调和推动政府有关部门执行妇女儿童的各项法律法规和政策措施,发展妇女儿童事业。

根据国务院妇儿工委架构要求,1995 年上海市人民政府成立妇女儿童工作委员会(以下简称市妇儿工委)(成立初期共 24 个成员单位)。市妇儿工委是负责本市妇女儿童事务管理的议事协调机构,是专门负责组织、协调、指导、督促有关部门执行《中华人民共和国妇女权益保障法》《中华人民共和国反家庭暴力法》及本市妇女权益保障等法律法规,协调和推动成员单位、联络员单位实施上海市妇女儿童发展中长期规划的工作机构。本市各区也都设有专门负责组织、协调、指导、督促有关部门做好妇女权益保障工作及儿童权益保障工作的机构。

一、市妇儿工委组成

市妇儿工委由市委有关部门,市政府有关委、办、局和群众团体等组成。上述部门和组织的分管领导为本委员会的当然委员。委员职务如有变动,由其接任领导自然替补,并须填写委员登记表报委员会备案。委员会主任由市政府分管妇女儿童事务的副市长担任,委员会第一副主任由市政府分管妇女儿童事务的副秘书长担任,市委组织部、市发改委、市教委、市民政局、市人力资源社会保障局、市卫生健康委、市统计局和市妇联的主要领导或分管领导分别担任副主任。

市妇儿工委现有59个成员单位,分别是市委组织部、市卫生健康委、市发改委、市统计局、市民政局、市人力资源社会保障局、市教委、市委宣传部、市委统战部、市经信委、市商务委、市科委、市公安局、市司法局、市财政局、市住房城乡建设管理委、市交通委、市农业农村委、市生态环境局、市水务局、市文化和旅游局、市政府外办、市国资委、市市场监管局、市体育局、市绿化市容局、市应急管理局、市政府新闻办、中福会、市总工会、团市委、市妇联、市残联、市红十字会、市文明办、市科协、市关工委、市委网信办、市规划和自然资源局、市医保局、市药监局、市知识产权局、市未保委及各区人民政府。此外还有2个联络员单位,分别是市高院、市检察院。

二、市妇儿工委基本职能

1. 协调和推动成员单位、联络员单位按照工作职责和责任分工,依照相关规定实施上海市妇女儿童发展规划。

2. 组织、协调、指导和督促有关部门做好妇女儿童权益保障工作，促进“男女平等”国策意识和“儿童优先”意识进入决策主流，为妇女儿童生存和发展创设一个良好的社会环境。

3. 协调和推动成员单位、联络员单位重点研究和解决妇女儿童发展中出现的新情况、新问题，以及影响妇女儿童进步和发展的重大问题，促进全社会形成一个性别平等、儿童优先，为妇女儿童做实事、办实事的社会氛围。

4. 协调和推动成员单位、联络员单位为妇女儿童事务管理和妇女儿童发展提供必要的资源，创造必要的条件。

5. 指导、督促和评估成员单位、联络员单位和区妇女儿童工作委员会的工作。

三、市妇儿工委管理职责

进一步加强职责分工，完善以责任分工制度、述职评议制度和责任追究制度为主体的管理体系，促进成员单位间的交流和协作，发挥委员会机构网络的综合效应；提高依法实施妇女儿童规划的绩效和效能。

1. 明确各成员单位、联络员单位的职责、任务，确保各司其职、各负其责，整合资源，加强协作，形成合力。

2. 督促成员单位、联络员单位规范工作制度，做到年度有计划、有总结，工作有重点、有突破。以成员单位日常实施工作的实绩作为述职评估的依据。

3. 交流经验，研讨问题，表彰先进，督促执行，推动有关部门和各区的工作。

4. 积极推动各成员单位、联络员单位开展与促进妇女儿童发展相关的实事项目、公共服务和重难点攻关。

5. 定期监测、评估保障妇女儿童权益和实施妇女儿童发展规划的工作,完善统计监测数据库。

四、市妇儿工委工作机构

根据委员会的职能和业务需要,委员会下设办公室、妇女工作组、儿童工作组,以及统计协调专业委员会、专家评估专业委员会、权益保障专业委员会等工作机构。

1. 办公室。委员会的日常办事机构。办公地点设在市妇联,人员编制和工作经费分别由市编办和市财政局审核。办公室由主任、专职副主任及若干名专职人员组成,主任由市妇联主席兼任。主要负责执行全委会的决议、计划,以及市妇儿工委主任办公会议的决定等,履行组织、协调、指导、督促的职责,承担市妇儿工委全委会的秘书工作。

2. 妇女工作组。由有关成员单位、联络员单位的处级联络员组成,负责推动规划中妇女发展目标和任务的实施和《妇女权益保障法》《反家庭暴力法》执法管理工作。

3. 儿童工作组。由有关成员单位、联络员单位的处级联络员组成,负责推动规划中儿童发展目标与任务的实施和配合《中华人民共和国未成年人保护法》《中华人民共和国预防未成年人犯罪法》和《上海市未成年人保护条例》的执法工作。

4. 统计协调专业委员会。由委员会部分成员单位委员组成，负责指导统计监测工作。上海市统计局是统计协调专业委员会主任单位，负责处理日常统计监测工作。

5. 专家评估专业委员会。由委员会成员单位专家及社会各界有关专家组成。负责规划中(终)期评估督导工作。市妇儿工委办公室是专家评估专业委员会主任单位，负责处理日常联络与评估工作。

6. 权益保障专业委员会。由委员会部分成员单位委员和其他相关部门的负责人组成，负责妇女儿童权益保障工作的协调和督促。上海市妇联是权益保障专业委员会主任单位，负责处理日常权益保障工作。

第七条 **市、区人民政府根据中国妇女发展纲要，制定和组织实施本行政区域的妇女发展规划，将其纳入国民经济和社会发展规划，并将妇女权益保障所需经费列入本级预算，建立与经济社会发展水平相适应的保障机制。**

各有关部门应当在各自的职责范围内做好妇女发展规划的实施、监测、评估等工作。

[释义] 本条是对妇女发展规划制定、实施、监测、评估的规定。

根据《中华人民共和国妇女权益保障法》第五条“国务院制定和组织实施中国妇女发展纲要，将其纳入国民经济和社会发展规划，保障和促进妇女在各领域的全面发展。

县级以上地方各级人民政府根据中国妇女发展纲要，制定和组织实施本行政区域的妇女发展规划，将其纳入国民经济和社会发展规划。县级以上人民政府应当将妇女权益保障所需经费列入本级预算”的规定，同时结合《上海市妇女儿童发展“十四五”规划》的相关要求，本条规定“市、区人民政府根据中国妇女发展纲要，制定和组织实施本行政区域的妇女发展规划，将其纳入国民经济和社会发展规划”，并将妇女权益保障所需经费列入本级预算，建立与经济社会发展水平相适应的保障机制。该条提出妇女权益保障所需工作经费与经济社会发展水平相适应的要求，确保政府财政预算能够与妇女多元需求和城市发展相匹配并逐步提升。

本条第二款要求各有关部门应当在各自的职责范围内做好妇女发展规划的实施、监测、评估等工作。妇女发展规划的有效实施，离不开各有关部门的努力，各有关部门应当坚持以习近平新时代中国特色社会主义思想为指导，坚持党对妇女事业的全面领导，坚持以人民为中心的发展思想，坚持走中国特色社会主义妇女发展道路，贯彻落实男女平等基本国策，不断完善促进男女平等和妇女全面发展的相关制度机制，大胆探索，先行先试，着力优化妇女发展环境，保障妇女合法权益，发挥妇女作用，促进妇女全面发展，推动性别平等成为全社会共同遵循的行为规范和价值标准。要履职尽责，加强组织领导，强化责任意识，分解落实规划目标责任，按照任务分工制定规划实施方案，细化目标任务，提出工作步骤，明确完成时限。同时，要定期对规划落实情况开展督导检查。完善落实报告制度，适时开展评估。

第八条 妇女联合会应当发挥好党和政府联系妇女群众的桥梁和纽带作用，践行全过程人民民主重大理念，巩固和扩大妇女群众基础；依照法律、法规和章程，代表和维护各族各界妇女的利益，做好维护妇女权益、促进男女平等和妇女全面发展的工作。

工会、共产主义青年团、残疾人联合会等群团组织应当在各自的工作范围内，做好维护妇女权益的工作。

本市支持和鼓励社会组织为妇女提供专业化、个性化服务。

[释义] 本条是对妇联及其他群团组织维护妇女权益的相关职能的规定。

一、本市各级妇联维护妇女权益的职责

1949年4月3日，全国妇联正式成立。全国妇联是全国各族各界妇女为争取进一步解放与发展而联合起来的群团组织，是中国共产党领导下的人民团体，是党和政府联系妇女群众的桥梁和纽带，是国家政权的重要支柱。妇联实行全国组织、地方组织、基层组织和团体会员相结合的组织制度。妇联的地方和基层组织接受同级党组织和上级妇联的双重领导。妇联职责具体内容，包括代表妇女参与管理国家事务、管理经济和文化事业、管理社会事务，参与民主决策、民主管理、民主监督，参与有关法律、法规、规章和政策的制定，参与社会治理和公共服务，推动保障妇女权益法规政策和妇女发展纲要的实施；维护妇女儿童合法权益，倾听妇女意见，反映妇女诉求，向各级国家机关提出有关建议，要求并协助有关部门或单位查处侵害妇女权益的行为，为受侵害的妇女提供帮助；教育引导妇女树立自尊、自信、自立、自强的精神，提高综合素质，实现全面发展；宣传马克思主义妇女观，推动落实男女平等基本国策，营造有利于妇女全面发展的社会环境；宣传表彰优秀妇女典型，培养、推荐女性人才等。各级妇联依照法律和《中华妇女联合会章程》，开展妇女权益保障工作。

党的二十大报告在“发展全过程人民民主，保障人民当家作主”部分中，明确指出“深化工会、共青团、妇联等群团组织改革和建设，有效发挥桥梁纽带作用”。本次立法是发挥妇联桥梁纽带作用，践行全过程人民民主，及时将党的二十大精神转化为法律法规的一次有力实践。

二、其他群团组织做好维护妇女权益工作

工会是党领导的职工自愿结合的工人阶级群众组织，是党联系职工群众的桥梁和纽带。全国总工会和各级工会组织依照宪法、法律和工会章程等开展工作，维护包括广大女职工在内的职工合法权益。我国宪法和法律，特别是劳动领域相关法律对保护女职工权益作了系统规定，各级工会应当督促落实有关规定，为维护女职工权益提供支持和帮助。此外，《中国工会章程》还规定，各级工会建立女职工委员会，表达和维护女职工的合法权益。共产主义青年团是党领导下的先进青年群团组织。我国各级团组织规模大、团员数量多，对做好青年及其相关工作有着重要作用。各级团组织在开展活动过程中，应当充分发挥组织、人才、业务等方面的优势，注重加强妇女权益保障，自觉维护妇女合法权益，并引导、带动和督促有关单位及个人贯彻落实保障好妇女权益相关规定要求。残疾人联合会(以下简称残联)是各类残疾人的统一组织。残联代表残疾人共同利益，维护残疾人合法权益。各级残联在工作开展过程中，应当把残疾人权益保障与妇女权益保障结合起来贯彻落实妇女权益保障各项要求，做好妇女权益保障工作。除列举的工会、共青团、残联之外，其他群团组织也应当结合本单位本领域相关职责和义务，在各自工作范围内，相互支持、相互配合，共同做好维护妇女权益相关工作。

三、支持和鼓励社会组织为妇女提供专业化、个性化服务

除妇联、工会、共青团、残联等党领导下的群团组织在各自职责范围内做好维护妇女权益工作外，《条例》新增了关于鼓励和发展社会组织参与妇女维权工作的内容。民政部《“十四五”民政事业发展规划》(民发〔2021〕51 号)指出:构建社会工作服务体系。健全党委领导、政府负责、群团助推、社会协同、公众参与的社会工作推进机制。建立村(社区)—街道(乡镇)—区(县)三级社会工作服务体系,按照“有场地、有设备、有人员、有服务功能、有工作流程、有规章制度”的标准,加快推进乡镇(街道)社工站建设。推动乡镇(街道)社工站在困难群众帮扶、老年人服务、困境儿童关爱保护、社会支持网络构建、社区参与能力提升、社会工作机构与志愿服务组织培育等方面发挥作用,成为基层治理与服务的重要力量。提升社会工作服务机构能力。制定社会工作服务机构标准和规范。引导社会力量举办和发展社会工作服务机构。优先发展以老年人、残疾人、困境儿童、农村留守人员、流动人口、家庭暴力受害人等为重点服务对象的社会工作服务机构,推进精神慰藉、教育辅导、婚姻家庭、矫治帮教、戒毒等领域社会工作,培养专业人才,实施品牌化建设。完善城乡社区、社会组织、社会工作“三社联动”机制,发挥好社区志愿者、公益慈善资源协同作用,促进社会工作专业力量参与社会治理。提升社会组织服务能力。健全社会组织法人治理结构,完善落实民主选举、民主决策、民主管理、民主监督机制。引导社会组织建立健全财务、人事、资产、活动、分支机构等内部管理制度,提高社会组织依法依章程开展活动的意识和能力,使社会组织成为独立承担法律责任、权责明确、运转协调、制衡有效的法人主体。拓宽扶持政策覆盖面,鼓励有条件地区打造社会组织孵化基地。加大社区社会组织培育扶持力度,动员引导社会组织有序参与社会治理、环境治理,积极提供公共服务,承担社会责任。按照国家规定,推动将社会组织纳入有关部门表彰奖励范围。上海社会组织发展已经形成一定规模,从女性社会组织发展到各类社会组织为女性服务,社会组织在参与社区治理、帮扶救助、创业就业、婚姻家庭纠纷化解等方方面面发挥了巨大作用。本市强化政府引导,支持妇女组织、社会工作专业人才、志愿服务组织提供专业化、个性化城乡社区服务。

第九条 本市建立健全妇女发展状况统计调查制度,完善性别统计监测指标体系,定期开展妇女发展状况和权益保障统计调查和分析。市妇女儿童工作委员会会同有关部门定期发布社会性别统计报告,其他相关部门应当提供性别统计情况。

[释义] 本条是关于本市妇女发展状况统计调查制度的规定。

在妇女权益保障领域建立妇女发展状况统计调查制度十分必要。通过妇女发展状况统计调查制度,获取妇女权益保障相关基础数据,可以较为全面准确地掌握我国妇女事业发展的总体情况,了解妇女权益保障取得的进步和成就以及存在的短板和问题。

《中华人民共和国妇女权益保障法》第九条规定,国家建立健全妇女发展状况统计调查制度，完善性别统计监测指标体系，定期开展妇女发展状况和权益保障统计调查和分析，发布有关信息。

《中华人民共和国国民经济和社会发展第十四个五年规划和2035年远景目标纲要》提出完善分性别统计制度。2021年，国务院印发的《中国妇女发展纲要（2021—2030年）》也提出加强分性别统计监测。

一、《中国妇女发展纲要（2021—2030年）》中提出的监测评估要求

1. 加强监测评估制度建设。对纲要实施情况进行年度监测、中期评估、终期评估。落实并逐步完善性别统计监测方案。各级统计部门牵头组织开展年度监测，各级妇儿工委成员单位、有关部门、相关机构向同级统计部门报送年度监测数据，及时收集、分析反映妇女发展状况的相关数据和信息。各级妇儿工委组织开展中期和终期评估，各级妇儿工委成员单位、有关部门、相关机构向同级妇儿工委提交中期和终期评估报告。通过评估，了解掌握纲要实施进展和妇女发展状况，系统分析评价纲要目标任务完成情况，评判纲要策略措施的实施效果，总结经验做法，找出突出问题，预测发展趋势，提出对策建议。监测评估工作所需经费纳入财政预算。

2. 加强监测评估工作组织领导。各级妇儿工委设立监测评估领导小组，由同级妇儿工委及相关部门负责同志组成，负责监测评估工作的组织领导、监测评估方案的审批、监测评估报告的审核等。领导小组下设监测组和评估组。

监测组由各级统计部门牵头，相关部门负责纲要实施情况统计监测的人员参加，负责监测工作的组织、指导和培训，制定监测方案和指标体系，收集、分析数据信息，向同级妇儿工委提交年度、中期和终期监测报告，编辑出版年度妇女儿童统计资料等。监测组成员负责统筹协调本部门纲要实施监测、分析、数据上报、分性别分年龄指标完善等工作。

评估组由各级妇儿工委办公室牵头，相关部门负责纲要实施的人员参加，负责评估工作的组织、指导和培训，制定评估方案，组织开展评估工作，向同级妇儿工委提交中期和终期评估报告。评估组成员负责统筹协调本部门纲要实施自我评估工作，参加妇儿工委组织的评估工作。支持评估组相关部门就妇女保护与发展中的突出问题开展专项调查、评估，结果可供中期和终期评估参考。

3. 加强分性别统计监测。规范完善性别统计监测指标体系，根据需要调整扩充妇女发展统计指标，推动纳入国家和部门常规统计以及统计调查制度，加强部门分性别统计工作，推进分性别统计监测制度化建设。国家、省、市三级建立完善妇女发展统计监测数据库，支持县级妇女发展统计监测数据库建设。鼓励支持相关部门对妇女发展缺项数据开展专项统计调查。

4. 提升监测评估工作能力和水平。加强监测评估工作培训和部门协作，规范监测数据收集渠道、报送方式，提高数据质量。运用互联网和大数据等，丰富分性别统计信息。科学设计监测评估方案和方法，探索开展第三方评估。提升监测评估工作科学化、标准化、专业化水平。

5. 有效利用监测评估成果。发挥监测评估结果服务决策的作用，定期向同级人民政府及相关部门报送监测评估情况，为决策提供依据。建立监测评估报告交流、反馈和发布机制。加强对监测评估结果的研判和运用，对预计完成困难、波动较大的监测指标及时预警，对评估发现的突出问题和薄弱环节及时提出对策建议。运用监测评估结果指导下一阶段纲要实施，实现纲要实施的常态化监测、动态化预警、精准化干预、高质量推进。

二、本市开展分性别统计监测的职责

该条明确市妇儿工委会同有关部门定期发布社会性别统计报告，其他相关部门应当提供性别统计情况。

根据《上海市妇女儿童发展"十四五"规划》相关内容，明确完善分性别、分年龄统计制度。市妇儿工委各成员单位和各区增强分性别、分年龄统计意识，将分性别、分年龄统计纳入本系统、本地区、本部门常规统计和统计调查制度。各责任部门认真做好年度统计监测工作，发挥监测数据作用，采取有效措施，推动实施本规划。市妇儿工委各成员单位和各区按时向市妇儿工委和市统计局提交本规划年度统计监测报告和数据报表。深化多部门协同，依据市大数据中心，利用最新信息技术，开展性别指标数据汇集、互联、共享和应用，丰富性别指标数据来源。

（一）市妇儿工委统计协调专业委员会工作职责

1. 制定分性别、分年龄的统计监测指标体系；

2. 督促监测指标统计工作纳入成员单位、联络员单位的年度统计和常规调查，提出监测的重点领域与重点指标；

3. 收集统计监测数据，完善妇女儿童发展数据库；

4. 开展家庭视角的统计指标研究；

5. 指导和协调成员单位、联络员单位和各区做好规划的统计监测工作；

6. 对有关人员进行业务培训，向国家、市妇儿工委提交年度、中期和终期统计监测报告。

（二）市妇儿工委统计监测制度

统计监测的目的是准确反映上海妇女儿童发展的状况和趋势。统计监测的内容是：

1. 上海妇女儿童发展规划的指标体系；

2. 国家妇女儿童发展纲要的指标要求；

3. 国际上对妇女儿童发展方面的指标要求；

4. 其他特殊要求的统计监测内容。

统计监测的要求是：

每年组织成员单位、联络员单位和区县妇儿工委对本系统(地区)的妇女儿童发展状况进行统计监测,并提交统计监测报告。统计监测报告要求:第一,准确,数据能准确地反映本系统(地区)妇女儿童发展的状况;第二,客观真实,数据分析能科学真实反映妇女儿童发展状况和变化,并能提出干预措施和有效对策。

第十条 **本市建立健全性别平等咨询评估制度,对涉及妇女权益的地方性法规、政府规章和其他规范性文件开展性别平等的社会咨询评估。**

有关机关制定或者修改涉及妇女权益的地方性法规、政府规章和其他规范性文件,应当听取妇女联合会的意见,充分考虑妇女的特殊权益,必要时开展男女平等评估。

[释义] 本条是关于建立健全性别平等咨询评估制度的规定。

本条内容是基于本市多年来的成功实践而创设的规定。2016 年市委、市政府办公厅下发《关于建立上海市法规政策性别平等咨询评估机制的意见》,制定《法规政策性别平等自检自审工作方案》,将性别平等价值理念具体落实到法规政策的制定、实施和监督各环节。同年,市住房城乡建设管理委、市绿化市容局作为首批法规政策性别平等自检自审机制试点单位,对《城市公共厕所规划和设计标准》修订中的性别意识开展评估,对公厕男女厕位比的规定从法律法规、政策标准的高度融入了性别视角,尊重了男女两性自然差异，从源头上做到有法律、有政策依据。2018 年，我市成立上海市法规政策性别平等咨询评估委员会，同年市政府颁布《上海市人民政府规章制定程序规定》，要求政府规章中凡涉及性别平等等内容，起草部门须按照规定组织开展审查和评估，并征求有关部门及相关权益保护组织意见，这标志着我市法规政策性别平等咨询评估机制实施迈向新的台阶。2021 年底评估委员会圆满换届。2022 年 3 月，市妇联在全国人大常委会法工委虹桥街道基层立法联系点设立信息采集点，依托上海市性别平等咨询评估委员会，参与法律法规政策的性别平等咨询和评估，践行全过程人民民主。为此，本次立法对这一在上海实施效果良好的制度加以固化。

本条第二款强调，有关机关制定或者修改涉及妇女权益的地方性法规、政府规章和其他规范性文件，应当听取妇联的意见。该规定是贯彻最新修订的《妇女权益保障法》的相关规定，不仅拓展了适用的范围，也丰富了具体工作方式，充分考虑妇女的特殊权益，首先是听取妇联的意见。有关机关制定或者修改涉及妇女权益的法律、法规、规章和其他规范性文件，应当听取妇联意见，是坚持科学立法、民主立法、依法立法的必然要求，也契合妇联的职责定位。《中华全国妇女联合会章程》第一章第四条规定："维护妇女儿童合法权益，倾听妇女意见，反映妇女诉求，向各级国家机关提出有关建议，要求并协助有关部门或单位查处侵害妇女儿童权益的行为,为受侵害的妇女儿童提供帮助。"因此,在法律中强调应当听取妇联意见,一是相关法律政策涉及妇女利益,与广大妇女息息相关,需要更加注重倾听妇女和妇女组织的意见。二是妇联是党和政府联系妇女群众的桥梁和纽带,担负代表妇女参与有关法律、法规、规章和政策的制定,参与社会治理和公共服务,维护妇女儿童合法权益,倾听妇女意见,反映妇女诉求,向各级国家机关提出有关建议等重要职责。有关机关听取妇联的意见,可以是主动开展,也可以是妇联主动向有关机关表达意见,具体形式可以多种多样。

第十一条 本市将保障妇女合法权益、促进男女平等作为全面推进城市数字化转型的重要内容,加强妇女工作的数字化场景应用。

[释义] 本条是关于城市数字化转型中的妇女权益保障的规定。

随着社会信息化程度不断提高,数字化转型是提升人民生活质量的必然趋势,也是经济社会转型发展的重要体现。近年来数字经济对我国经济增长贡献率不断提升。今后我国数字经济还将迎来更大发展。在此背景下女性群体的生产、生活方式发生着新变化,与此同时也产生了新问题和新需求。根据《上海市全面推进城市数字化转型"十四五"规划》相关内容,有关部门应探索面向妇女群体的数字技能帮扶、生活数字化场景应用、城市多元数字治理，以及在针对妇女的数字产品、AI算法中实现更好的数字化体验，同时对可能存在的对妇女的算法歧视、数字鸿沟等问题进行前瞻性思考，通过加大数字化管理开发，丰富数字化场景应用，使数字化建设成为妇女维权的重要保障，促进妇女事业高质量发展。

第十二条 本市将男女平等基本国策纳入国民教育体系，开展宣传教育，增强全社会的男女平等意识。

国家机关、群团组织、基层群众性自治组织应当开展保障妇女合法权益的宣传教育和公益活动。

新闻媒体应当开展男女平等和保障妇女合法权益方面的公益宣传并加强舆论监督。

本市对保障妇女合法权益成绩显著的组织和个人，按照有关规定给予表彰和奖励。

［**释义**］ 本条是关于男女平等宣传教育、加强新闻宣传、舆论监督及表彰和奖励的规定。

落实男女平等基本国策不仅需要完善法律制度规范，还要加强宣传教育，让男女平等成为全社会的共识。本条根据上位法精神，对男女平等宣传教育作出规定。一是将男女平等基本国策纳入国民教育体系。要推动各级各类学校在教育内容、教学过程、学校管理中落实男女平等要求，探索学校教育、家庭教育、社会教育相结合的男女平等教育模式。二是拓展宣传主体。实践中，本市国家机关、群团组织、基层群众性自治组织等层面都开展了大量保障妇女合法权益的宣传教育和公益活动，本条第二款对此进行了固化。三是发挥新闻媒体的主渠道主阵地作用。明确新闻媒体应当开展男女平等和保障妇女合法权益方面的公益宣传并加强舆论监督。

做好妇女合法权益保障工作，除对有关违法行为规定相应的法律责任外，还要给予必要的表彰和奖励。为此，本条第四款规定对保障妇女合法权益成绩显著的组织和个人，按照有关规定给予表彰和奖励。表彰和奖励的对象包括国家机关、企事业单位、社会组织和公民个人。有关规定包括现行政策对表彰主体、评比标准、表彰程序、表彰项目目录管理等方面的规定。

第二章 政治权利

第十三条 本市保障妇女享有与男子平等的政治权利。

妇女有权通过各种途径和形式，依法参与管理国家事务、管理经济和文化事业、管理社会事务。妇女和妇女组织有权向各级国家机关提出妇女权益保障方面的意见和建议。

[释义] 本条是关于男女政治权利平等、妇女参与国家和社会事务的权利的规定。

本条依据《妇女权益保障法》第十二条、第十三条制定。妇女政治权利的保障程度，是衡量一个国家和民族文明进步的重要标志。党的十八大以来，以习近平同志为核心的党中央高度重视保障妇女政治权利。《中国妇女发展纲要(2021—2030 年)》也指出,要保障妇女参与社会主义民主政治建设和社会治理,提升参与水平。

一、男女平等享有政治权利

本条规定,“本市保障妇女享有与男子平等的政治权利”。此处明确了男女平等享有政治权利。男女平等包括男女在政治地位和权利方面的平等,是我国长期奉行的基本国策,也是宪法明确保障的公民基本权利内容。《宪法》第四十八条第一款“中华人民共和国妇女在政治的、经济的、文化的、社会的和家庭的生活等各方面享有同男子平等的权利”和第二款“国家保护妇女的权利和利益,实行男女同工同酬,培养和选拔妇女干部”实际确认了国家负有保障男女平等政治权利的义务。本条具体落实《宪法》的规定,明确本市应建立各种体制和机制,推进各部门为广大妇女行使自己的政治权利提供必要的保障。

二、妇女参政的具体内容

本条规定,“妇女有权通过各种途径和形式,依法参与管理国家事务、管理经济和文化事业、管理社会事务”。此处列举了妇女行使政治权利的具体表现,即参与管理国家事务、管理经济和文化事业、管理社会事务。政治权利作为公民的一项基本权利在《宪法》中占有重要地位,但是《宪法》对“政治权利”并无明确列举。根据我国《刑法》第五十四条的规定,剥夺政治权利是指剥夺下列权利:(1)选举权和被选举权;(2)言论、出版、集会、结社、游行、示威自由的权利;(3)担任国家机关职务的权利;(4)担任国有公司、企业、事业单位和人民团体领导职务的权利。其中第二项所剥夺的就是政治表现的自由权利,而对于非政治表现的自由权利则不宜剥夺。本条从妇女政治权利保障需求出发,具体规定了四项妇女的政治权利,但并不是说妇女的政治权利仅限于此。

本条还规定,"妇女和妇女组织有权向各级国家机关提出妇女权益保障方面的意见和建议"。此处明确了妇女和妇女组织的建议权。《宪法》第四十一条规定了公民的建议权,但该规定是针对所有公民的,公民可以就任何事务向国家机关和国家机关工作人员提出意见和建议。而本条所确认的是妇女和妇女组织可以就妇女权益保障向国家机关提出意见和建议,当然这并不是说男性公民就不能就妇女权益保障提出意见和建议,只是更强调了妇女和妇女组织的建议权。与男性相比,妇女整体上处于弱势地位,而且不少妇女对于自身权益缺乏清晰全面的认识,无法提出涉及自身权益的意见和建议,因此本条还规定了妇女组织的建议权。需要注意的是,这里的妇女组织不仅包括妇联组织,还包括依法成立的其他以维护妇女权益为目的的组织。

第十四条 居民委员会、村民委员会应当组织妇女参与制定或者修改居民公约、村规民约,开展协商议事活动。

用人单位制定或者修改有关职工权益的规章制度，讨论涉及女职工保护事项时，应当依法保障女职工参与。

［释义］ 本条是关于妇女的基层政治参与权利的规定。

本条是依据上位法的精神，结合本市实际情况所制定的创设性条款，回应了群众参与基层民主的需求，强调妇女在村居委、工作单位中的政治参与权利。《中国妇女发展纲要(2021—2030年)》指出，要提高妇女参与社会事务和民主管理的意识和能力，发挥妇女在城乡基层治理中的积极作用。要推动妇女广泛参与企业决策管理，企业制定相关规章制度，对涉及女职工权益的事项，要听取工会女职工委员会的意见，依法经职工代表大会审议通过。

一、妇女在村居委中的政治参与权利

本条第一款明确了妇女在村居委中的政治参与权利。村居委是促进基层民主，维护民众合法权益的重要自治组织。依据《中华人民共和国城市居民委员会组织法》第二条，居民委员会是居民自我管理、自我教育、自我服务的基层群众性自治组织；依据《中华人民共和国村民委员会组织法》第二条，村民委员会是村民自我管理、自我教育、自我服务的基层群众性自治组织，实行民主选举、民主决策、民主管理、民主监督。党的二十大报告指出，要“完善协商民主体系，统筹推进政党协商、人大协商、政府协商、政协协商、人民团体协商、基层协商以及社会组织协商，健全各种制度化协商平台,推进协商民主广泛多层制度化发展”。本款一方面旨在促进妇女在不同层面参与社会事务和民主管理,尤其在基层组织中发挥积极作用。另一方面特别强调了妇女议事的权利,包括参与居民公约、村规民约的制定和修改,参与协商议事等,这不仅有利于妇女从源头维护自身权益,还有五个方面的现实作用:

第一,有利于在村(社区)事务中贯彻落实男女平等基本国策。第二,有利于引导妇女群众有序参与社会治理,组织带动广大妇女群众投身乡村振兴战略实施与和谐社区建设。第三,有利于推动妇女最关心、最直接、最现实的利益问题有效解决,切实维护妇女合法权益。第四,有利于丰富基层议事协商形式,促进基层公共决策的科学性、合法性、民主性。第五,有利于培养妇女民主参与意识,引导妇女通过协商议事解决问题,提高自我管理、自我服务水平。

二、妇女在工作单位中的政治参与权利

本条第二款明确了妇女在工作单位中的政治参与权利。用人单位的规章制度是用人单位制定的组织劳动过程和进行劳动管理的规则和制度的总和,大多数内容与劳动者权益密切相关。《劳动合同法》第四条第二款规定,“用人单位在制定、修改或者决定有关劳动报酬、工作时间、休息休假、劳动安全卫生、保险福利、职工培训、劳动纪律以及劳动定额管理等直接涉及劳动者切身利益的规章

制度或者重大事项时，应当经职工代表大会或者全体职工讨论，提出方案和意见，与工会或者职工代表平等协商确定”。本款在此基础进一步明确了女职工的政治参与权利，并且强化程序正义，要求“保障女职工参与”，以此保证用人单位规章制度的产生过程和重要事项的讨论过程具有民主性和科学性。

第十五条 妇女享有与男子平等的选举权和被选举权。

本市各级人民代表大会的代表中，应当保证有适当数量的妇女代表，并按照国家规定，逐步提高妇女代表的比例。

居民委员会、村民委员会成员中，应当保证有适当数量的妇女成员。

企业事业单位职工代表大会中的女职工代表比例一般与本单位女职工人数所占比例相适应。

［**释义**］ 本条是关于妇女选举权和被选举权的规定。本条依据《妇女权益保障法》第十四条制定。

一、男女平等享有选举权和被选举权

本条第一款明确了男女平等享有选举权和被选举权。法律意义上的选举权指公民享有的选举国家政权机关组成人员的权利，被选举权指公民享有的被选举为国家政权机关组成人员的权利。《宪法》第三十四条规定，“中华人民共和国年满十八周岁的公民，不分民族、种族、性别、职业、家庭出身、宗教信仰、教育程度、财产状况、居住期限，都有选举权和被选举权；但是依照法律被剥夺政治权利的人除外”。本款明确规定了妇女享有与男子平等的选举权和被选举权，这一广泛政治权利的享有不分性别。

二、妇女代表在人大中的选举权利

本条第二款明确要提高人大中妇女代表的比例。《中华人民共和国全国人民代表大会和地方各级人民代表大会选举法》第七条第一款规定，“全国人民代表大会和地方各级人民代表大会的代表应当具有广泛的代表性，应当有适当数量的基层代表，特别是工人、农民和知识分子代表；应当有适当数量的妇女代表，并逐步提高妇女代表的比例”。《中国妇女发展纲要(2021—2030 年)》指出，各级人大代表和常委会委员中的女性比例应逐步提高，充分发挥人大女代表在发展社会主义民主政治和男女平等事业中的积极作用。《上海市妇女儿童发展“十四五”规划》也指出，市、区党代表中的女性比例应保持稳定，市、区人大代表和政协委员中的女性比例应有所提高。人民代表大会是我国的权力机关，人民代表大会制度是我国的根本政治制度。妇女当选人大代表是女性实现政治权利，参与国家和社会公共事务管理的一条基本途径。本款对人大中妇女代表比例的规定为妇女参政提供新机遇，对选举女代表、提高妇女参政意识有积极的导向作用。同时，也有效地引导各部门和选民在人大代表选举过程中重视妇女代表的选举，在实际的工作中，可以通过增加妇女代表候选人的提名数量，做好相关工作，逐步提高妇女代表的比例。

三、妇女在村居委中的选举权利

本条第三款明确了村居委中要有适当数量的妇女成员。村委会和居委会是基层群众性自治组织。《中华人民共和国村民委员会组织法》第六条第二款规定，“村民委员会成员中，应当有妇女成员，多民族村民居住的村应当有人数较少的民族的成员”。《中国妇女发展纲要（2021—2030年）》指出，村党组织成员、村党组织书记中女性比例应逐步提高，社区党组织成员、社区党组织书记中女性比例应逐步提高，推动妇女有序参与城乡基层社会治理。《上海市妇女儿童发展“十四五”规划》也指出，要促进女性参与基层社会治理，村居委成员中的女性比例、正职女性比例稳中有升，基层妇联主席经选举进居（村）“两委”，加强对居（村）委会女性成员的培训，增强其管理事务和处理矛盾的能力，发挥女性在社区管理和建设中的积极作用。本款旨在促进妇女积极参与基层民主政治建设和基层社会治理。

四、妇女在工作单位中的选举权利

本条第四款明确了女职工参与单位民主管理的权利。《中国妇女发展纲要（2021—2030年）》指出，企事业单位职工代表大会中女性比例应与女职工比例相适应，推动妇女积极参与企事业单位决策管理。《上海市妇女儿童发展

“十四五”规划》也指出，要确保女职工平等参与企业决策与管理，各级工会代表大会、职工代表大会中女职工代表的比例应与女职工占职工总数的比例相匹配。职工代表大会是企业实行民主管理的基本形式，是职工行使民主管理权力的机构，也是基层民主政治建设的重要制度。职工代表大会的女代表比例应当与本单位的女职工比例相适应，从源头上维护了女职工的民主参与权，女职工能通过女职工代表在涉及女职工切身利益的重大事项中发挥积极作用，维护女职工的合法权益和特殊利益。相较于《妇女权益保障法》，本款是上海市对女职工参与企业管理的特别规定，强调妇女在工作单位中的权益保护。各企业事业单位应当认真落实本条规定，确保女职工的政治民主权利。

第十六条 本市积极培养和选拔女干部，重视培养和选拔少数民族女干部，采取措施支持女性人才成长。

国家机关、群团组织、企业事业单位培养、选拔和任用干部，应当坚持男女平等的原则，并有适当数量的妇女担任领导成员。

妇女联合会及其团体会员，可以向国家机关、群团组织、企业事业单位推荐女干部。

［释义］ 本条是关于重视女干部和女性人才的规定。

本条依据《妇女权益保障法》第十五条制定。党的二十大报告中指出，要坚定不移全面从严治党，深入推进新时代党的建设新的伟大工程，其中强调重视女干部培养选拔工作，发挥女干部重要作用。

一、培养和选拔女干部及支持女性成才

本条第一款明确要重视女干部的培养和选拔。《宪法》第四十八条第二款规定，“国家保护妇女的权利和利益，实行男女同工同酬，培养和选拔妇女干部”。《中国共产党章程》第三十五条第三款规定，“党重视培养、选拔女干部和少数民族干部”。《中国妇女发展纲要(2021—2030年)》指出，要加大培养选拔女干部工作力度，优化女干部成长路径，注重日常培养和战略培养，为女干部参加教育培训、交流任职、挂职锻炼创造条件和机会。《上海市妇女儿童发展“十四五”规划》指出，要完善女干部的培养选拔及储备机制，贯彻落实相关法规政策中关于女干部培养选拔和配备的要求，将女干部培养选拔工作纳入领导班子和干部队伍、人才队伍建设总体规划。培养选拔一大批优秀妇女干部走上各级领导岗位，行使管理国家和社会事务的权利，对提高妇女政治地位、促进妇女事业发展，以及对贯彻男女平等基本国策、构建社会主义和谐社会，都具有十分重要的意义。同时，促进女性人才特别是高层次人才成长，是人才强国战略的重要内容，也是衡量我国妇女地位的重要标志之一，更是贯彻落实男女平等基本国策的表现。本款内容实质上是对党在女干部培养、选拔方面政策的法律确认，为支持女性人才工作提供了地方立法支持。

二、各方主体平等培养和选拔妇女担任干部

本条第二款明确了国家机关、群团组织、企业事业单位培养、选拔和任用干部时，不得歧视女性，并且领导班子中要有一定数量的女性。《中国妇女发展纲要(2021—2030年)》指出，县级以上地方政府领导班子中的女干部比例应逐步提高，担任正职的女干部占同级正职干部的比例应逐步提高；国家机关部委和县级以上地方政府部门领导班子中的女干部比例应逐步提高，担任正职的女干部占同级正职干部的比例应逐步提高；各级各类事业单位领导班子成员中的女性比例应逐步提高；企业董事会、监事会成员及管理层中的女性比例应逐步提高；村党组织成员、村党组织书记中女性比例应逐步提高；社区党组织成员、社区党组织书记中女性比例应逐步提高。为此，要保障妇女在干部录用、选拔、任(聘)用、晋升、退休各环节不因性别受到歧视。《上海市妇女儿童发展“十四五”规划》也指出，区党委、人大、政府、政协领导班子应配备女干部，市、区党委和政府工作部门中55%以上的领导班子配备女干部，并实现逐步提升；正局级、正处级女干部比例应有所提高；村委会中正职女性比例应稳中有升；事业单位、高校和科研院所领导班子中女性比例应逐步提高；会长(理事长)或秘书长为女性的社会组织比例应逐步提高。为此，要求市属高校和科研院所、市(区)法院和检察院领导班子中女性比例有所上升;加大对女干部任用和女公务员管理的全程监督力度,保障女干部在选拔、聘用和晋升时不受歧视;在机关企事业单位的录用、培训、考核、奖励、轮岗、提拔工作中确保女性享有平等的竞争机会。本款是为女干部担任领导职务提供法律支持,形成培养、选拔、使用女干部的长效机制。

三、妇联及其团体会员推荐女干部

本条第三款明确了妇联及其团体会员对女干部的人事推荐权,在一定程度上使妇女参政获得了来自组织的有力支持。《中国妇女发展纲要(2021—2030 年)》指出,在培养选拔女干部工作中,充分听取妇联组织意见和建议。妇联是全国各族各界妇女为争取进一步解放与发展而联合起来的群团组织,是中国共产党领导下的人民团体,是党和政府联系妇女群众的桥梁和纽带,是国家政权的重要社会支柱。妇联以联系和服务妇女为根本任务,以代表和维护妇女权益、促进男女平等和妇女全面发展为基本职能。妇联的团体会员有两种:第一种为在民政部门注册登记的以女性为主体会员的各类为社会、为妇女服务的社会团体,自愿申请,承认《中华全国妇女联合会章程》,经全国妇联或当地妇联同意,可作为妇联的团体会员。第二种为企业基层工会女职工委员会及其以上各级工会女职工委员会。妇联及其团体会员是从事妇女工作的群众团体,她们了解妇女的情况,推荐女干部有发言权。妇联及其团体会员应当全面掌握各条战线、各行各业的突出妇女人才，及时向国家机关、群团组织、企业事业单位推荐，真正使妇联成为输送女干部的摇篮和基地。

第十七条 各级人民政府应当支持妇女联合会的工作。

本市国家机关、社会团体、企业事业单位等应当重视本单位妇女组织的工作，为妇女组织的活动提供必要的条件。

［释义］ 本条是关于各方支持妇女组织工作的规定。

本条是依据上位法的精神，结合本市实际情况所制定的创设性条款。结合本市妇女权益保障工作发展要求，强调各方支持妇女组织工作，提供必要的条件。

一、各级人民政府支持妇联工作

本条第一款明确了各级人民政府应当支持妇联的工作。《中国妇女发展纲要(2021—2030年)》指出，要支持妇联组织履行代表妇女参与管理国家事务、经济文化事业和社会事务的职责，强化妇联组织参与民主决策、民主管理、民主监督，参与制定有关法律、法规、规章和政策，参与社会治理和公共服务的制度保障。妇联是全国各族各界妇女在中国共产党领导下为争取进一步解放而联合起来的社会群众团体，是党和政府联系妇女群众的桥梁和纽带，是国家政权的重要社会支柱。妇联以联系和服务妇女为根本任务，以代表和维护妇女权益、促进男女平等和妇女全面发展为基本职能。本款明确了各级人民政府对妇联工作的支持。

二、各方主体支持妇女组织工作

本条第二款明确了各方主体支持妇女组织工作，为妇女组织的活动提供必要的条件。必要的条件包括经费、场地等条件。支持主体为国家机关、社会团体、企业和事业单位，支持对象为本单位妇女组织。妇女权益的特殊性决定了保障妇女合法权益是全社会的共同责任。妇女权益保障的特殊性体现为妇女不仅在社会主义现代化建设中发挥了独特的作用，而且还更多地承担了繁衍后代、照顾家庭的责任，对人类自身的延续和发展起到了不可替代的作用。她们不仅参与了物质资料的生产，还进行了劳动力的再生产。另外，考虑到单位妇女组织和妇联服务对象不同，各单位应根据服务对象的特点，从不同角度在各自的职责范围内，积极有效地维护妇女权益。

第十八条 妇女联合会代表妇女积极参与国家和社会事务的民主协商、民主决策、民主管理和民主监督。

妇女联合会等应当畅通诉求表达渠道，倾听妇女意见，反映妇女诉求。

妇女联合会应当积极参与涉及妇女权益的地方性法规、政府规章和其他规范性文件的制定或者修改。

［释义］ 本条是关于妇联参与国家和社会事务的规定。

本条依据《妇女权益保障法》第十六条制定，并新增第二款和第三款，贯彻全过程人民民主的理念，明确民主协商环节。党的二十大报告阐述“发展全过程人民民主，保障人民当家作主”，为发展社会主义民主政治提供了更加现实的路径与方法，也为妇联组织在全过程人民民主中发挥独特作用指明了方向、提供了根本遵循。

一、妇联积极行使民主权利

本条第一款规定妇联要积极参与民主协商、民主决策、民主管理和民主监督。妇联是全国各族各界妇女在中国共产党领导下为争取进一步解放而联合起来的社会群众团体，是党和政府联系妇女群众的桥梁和纽带，是国家政权的重要社会支柱。妇联以联系和服务妇女为根本任务，以代表和维护妇女权益、促进男女平等和妇女全面发展为基本职能。因此，法律赋予妇联代表妇女参加国家和社会事务的民主协商、民主决策、民主管理和民主监督，这是应有之义。

《中国妇女发展纲要(2021—2030 年)》指出，要支持妇联组织履行代表妇女参与管理国家事务、经济文化事业和社会事务的职责，强化妇联组织参与民主决策、民主管理、民主监督。党的二十大报告指出，全过程人民民主是社会主义民主政治的本质属性，是最广泛、最真实、最管用的民主。全过程人民民主贯通民主选举、民主协商、民主决策、民主管理、民主监督各环节。《中华全国妇女联合会章程》

第三条规定,“代表妇女参与管理国家事务、管理经济和文化事业、管理社会事务,参与民主决策、民主管理、民主监督”。本款在上述文件基础上,强调妇联代表妇女行使相应权利、参与民主协商的职能,为妇联作为妇女权益代言人参与政治协商提供了地方立法支持。

二、妇联反映妇女诉求

本条第二款规定妇联要畅通诉求表达渠道,倾听妇女意见,反映妇女诉求,是对民主协商环节的明确要求。《中国妇女发展纲要(2021—2030 年)》指出,要发挥妇联组织代表和维护妇女合法权益的职能作用,加强“12338”妇女维权热线建设,畅通妇女有序表达诉求的渠道。同时,《关于加强和改进乡村治理的指导意见》中提出“健全村级议事协商制度,形成民事民议、民事民办、民事民管的多层次基层协商格局。创新协商议事形式和活动载体,依托村民会议、村民代表会议、村民议事会、村民理事会、村民监事会等,鼓励农村开展村民说事、民情恳谈、百姓议事、妇女议事等各类协商活动”。妇联应通过维权热线、妇女议事等各类协商活动丰富妇女议事协商形式,倾听妇女意见,推动解决涉及妇女群众最关心、最直接、最现实的利益问题和实际困难。

三、妇联积极参与规范性文件的制定或者修改

本条第三款规定妇联应积极参与规范性文件的制定、修改。《中国妇女发展纲要(2021—2030 年)》指出,要支持

妇联组织健全联合约谈、联席会议、信息通报、调研督查、发布案例等工作制度,推动保障妇女权益法律政策的制定实施。并且,要支持妇联组织参与制定有关法律、法规、规章和政策,参与社会治理和公共服务的制度保障。因此,市妇联牵头负责对实施妇女儿童相关法律法规中的重难点问题进行监测、协调和解决。妇联要开展源头维权工作,依据法律赋予的权利和组织章程的规定,围绕立法计划,先期部署、统筹规划源头维权工作,主动、及时跟进立法和政策制定过程,使男女平等国策和社会性别意识在法律法规政策中得到切实体现,促进保障妇女权益法律法规政策体系不断完善。

第十九条 对于有关妇女权益保障工作的批评或者合理可行的建议,有关部门应当听取和采纳;对于有关侵害妇女权益的申诉、控告和检举,有关部门应当查清事实,负责处理,任何组织和个人不得压制或者打击报复。

[释义] 本条是关于批评、建议、申诉、控告和检举权的规定。

本条依据《妇女权益保障法》第十七条制定,规定了对于侵害妇女权益的行为,任何公民都享有批评、建议、申诉、控告和检举权。

一、批评、建议、申诉、控告和检举权

根据《条例》规定,妇女的合法权益主要包括六个方面的内容:政治权利、人身和人格权益、文化教育权益、劳动和社会保障权益、财产权利、婚姻家庭权益。对于侵害妇女这六个方面权益的行为，任何公民都享有批评、建议、申诉、控告和检举权。

批评、建议、申诉、控告和检举权是我国宪法规定的公民基本权利。《宪法》第四十一条第一款规定，“中华人民共和国公民对于任何国家机关和国家工作人员，有提出批评和建议的权利；对于任何国家机关和国家工作人员的违法失职行为，有向有关国家机关提出申诉、控告或者检举的权利，但是不得捏造或者歪曲事实进行诬告陷害”。监督权属于参政权的一个组成部分，主要包括批评权、建议权、申诉权、控告权和检举权五项内容。一般来说，批评和建议权更多侧重于发挥保障人民当家作主、参政议政的权利功能；申诉、控告和检举权则侧重于发挥保障人民的合法权益不受侵害，发挥“权利保障(救济)底线的功能”，因此对于这两者，有关部门的处理方式也有所不同。

二、有关部门对妇女权益相关意见的处理

首先是对公民的批评和建议的处理方式。我国公民行使批评权和建议权的途径和方式有很多，传统的方式如信访举报、人大代表联系群众制度等，新型的方式如听证会、民主评议会、网上评议等。具体到妇女权益保障工作来说，随着信息技术的发展，我国普遍建立起线下、线上相结合的方式来倾听意见和建议。如《中国妇女发展纲要

(2021—2030年)》指出,要加强"12338"妇女维权热线建设,畅通妇女有序表达诉求的渠道。除"12338"热线外,还可以通过"12345"政务热线、智慧平台等表达诉求。特别需要注意的是,对于有关妇女权益保障工作的批评权和建议权,并不一定需要与提出妇女自身利益有关或者由妇女提出。公民既可以对自身急需解决的问题毫无顾虑地提出质疑、批评或者建议,也同样可以对与自身并不一定紧密相连但关系到社会集体利益的问题,行使自己的批评权和建议权。而无论公民是以何种方式、出于何种目的行使批评权和建议权,只要是公民合法提出的,且属于妇女权益保障工作内容的批评或者合理可行的建议,有关部门都应当认真听取和积极采纳。

其次是对于公民的申诉、控告或者检举的处理方式。《宪法》第四十一条第二款规定,"对于公民的申诉、控告或者检举,有关国家机关必须查清事实,负责处理。任何人不得压制和打击报复"。申诉、控告和检举三种权利的区别在于,申诉人和控告人往往是受害者,而检举人一般与事件无直接联系,申诉和控告是为了保护自己的合法权益而要求依法处理,而检举一般是出于正义感和维护公共利益等其他目的。其中,申诉权根据行使主体的区别可以分为诉讼上的申诉和非诉讼的申诉:诉讼上的申诉是指当事人或者其他公民对人民法院已经发生法律效力的刑事、民事、行政诉讼裁判不服,认为确有错误,依法向人民法院或者人民检察院提出申请要求重新审查处理的行为。一般在申诉主体、申诉对象、申诉期限、申诉理由和申诉效力等方面都有一定的限制。非诉讼的申诉是指公民对行政机关作出的决定不服,向其上级机关提出申请,要求重新处理的行为。在申诉主体、申诉对象、申诉期限、申诉理由和申诉效力等方面一般没有特别的限制。控告权行使的对象应当是国家机关或其工作人员,控告的内容须是控告人的权益受到了国家机关或其工作人员的侵害或有受到侵害的威胁。检举权可以向各级纪检监察委、法院、检察院以及公安部门行使。另外,全国人大、政协、信访、中央组织部等也接收来自公民的检举,检举人要根据职务违法违纪行为的实施主体、行为性质等来选择不同的机关行使检举权。

第三章　人身和人格权益

第二十条　本市保障妇女享有与男子平等的人身和人格权益。

［**释义**］　本条是关于妇女人身和人格权益保障的一般规定。

我国《宪法》在第三十七条和第三十八条分别规定了公民的人身自由和人格尊严不受侵犯。《民法典》专门把人格权单独作为一章,并在第九百九十一条中规定“民事主体的人格权受法律保护,任何组织或者个人不得侵害”。

为了贯彻落实《宪法》和回应《民法典》对人格权的规定，新修订的《妇女权益保障法》把人身权这一章修改为人身和人格权益，进一步扩展了妇女权益保障的范畴。同时把这一章从第六章前移至第三章，突显出法律对妇女人身和人格权益的重视。新修订的《妇女权益保障法》第三章第十八条规定“国家保障妇女享有与男子平等的人身和人格权益”，作为新增条款，进一步明确了妇女人身和人格权益保障的一般性规定。本条依据《妇女权益保障法》第十八条制定，根据上位法，不仅同步把第三章修改为人身和人格权益章节，同时也增加了相应的一般性规定。对于此条款的理解，可以从以下三个层面考量。

一、关于“本市保障”

《条例》用“本市保障”与《妇女权益保障法》的“国家保障”相对应，具有两个层面的含义：一是就《条例》适用范围的表达，即本《条例》调整的有关对妇女人身和人格权益的保护仅限于上海市范围之内。二是对上海保障职能的强调和宣示。即通过立法进一步强化和发挥好上海各级政府及职能部门、司法机关、群团组织等在保护妇女人身和人格权益方面的职责，建立各种体制和机制，推进各部门合力保障妇女权益。

二、关于“人身和人格权益”

人身和人格权益是新修订的《妇女权益保障法》和本《条例》最具有亮点和特色的部分。第一，从概念的来源上讲,这是对原有法律的继承与发展。修订前的《妇女权益保障法》是用人身权这一概念来表达,尽管在这一章中也涉及人格权益,但没突出人格权益的重要性。而人格权与人身权并列,既突出了人格保护重要性,又扩展了妇女权益保护的范畴,彰显了妇女权益保障的时代进步。第二,从概念的内涵来讲,人身和人格权益是一种私法上的权利,具体内涵在《民法典》有相应的规定。《民法典》第九百九十条规定,"人格权是民事主体享有的生命权、身体权、健康权、姓名权、名称权、肖像权、名誉权、荣誉权、隐私权等权利。除前款规定的人格权外,自然人享有基于人身自由、人格尊严产生的其他人格权益"。人身权包括人格权和身份权,人身权是人格权的上位概念。在《妇女权益保障法》修订过程中,对究竟用"人格权"还是用"人身和人格权益"的概念一直存在争议。但最后立法确定用"人身和人格权益",其主要考虑立法的延续性和妇女权益保障的特殊性,针对妇女权益侵害的特殊行为强调给予人格权保护,突出妇女权益保障的两个重点。第三,从本条立法的目的讲,本条是本章的一般性规范。这一条款与本章后面的条款是一般和具体的关系,对后面的具有补足性的功能。即具体条款主要是针对人身和人格的重要领域作出具体规定,很难涵盖所有的内容。但并不是说在这些具体的人身与人格权益之外的相关权益就不受保护,而是可以通过一般性条款加以保护。

三、关于男女平等

《宪法》第四十八条规定，“中华人民共和国妇女在政治的、经济的、文化的、社会的和家庭的生活等各方面享有同男子平等的权利”。《民法典》第四条规定，“民事主体在民事活动中的法律地位一律平等”。这一宪法条款和民事主体法律地位平等原则为妇女权益保障立法提供了依据。《妇女权益保障法》第二条规定：“男女平等是国家的基本国策。妇女在政治的、经济的、文化的、社会的和家庭的生活等各方面享有同男子平等的权利。国家采取必要措施，促进男女平等，消除对妇女一切形式的歧视，禁止排斥、限制妇女依法享有和行使各项权益。”这一条款既是妇女权益保障立法的基本原则，也是其基本目标。在本条中规定“妇女享有与男子平等的人身和人格权益”是对基本原则和立法目标的具体化。准确把握本条有关男女平等的表述，需要从以下几个方面考量：一是对于人身和人格权，男女是平等的，都是基于人的权利而产生的，妇女同男子享有平等的权利。二是在现实社会中，由于性别差异，妇女的人身和人格权益与男性相比，在总体上仍处于弱势地位，有时容易被忽视，也保护不足。为实现实质平等，在保护内容上应对妇女进行一定倾斜，赋予妇女特殊的专有权利。三是男女平等，不是以男性权益为参照，而是强调各有关部门应当着力妇女人身和人格权益的保障，从而实现人身和人格权益的平等保护。

第二十一条 妇女的生命权、身体权、健康权不受侵犯。禁止下列行为：

（一）进行非医学需要的胎儿性别鉴定和选择性别的人工终止妊娠；

（二）虐待、遗弃、残害、买卖妇女；

（三）其他侵害女性生命健康权益的行为。

［释义］ 本条是关于妇女生命权、身体权、健康权的保护规定。

一、妇女的生命权、身体权、健康权不受侵犯

本条依据《妇女权益保障法》第二十一条制定。原有立法的表述是生命权、健康权，根据《民法典》和新修订的《妇女权益保障法》，调整为生命权、身体权、健康权。所谓生命权是保持人的生命存活的权利。生命权是自然人最为基本的权利，是人格权的载体，其他权利都是由生命权而衍生出来的，任何人都不能非法剥夺他人的生命权。生命权包括生命安全和生命尊严两种类型。所谓身体权是自然人享有的保持身体组织完整权和对身体的支配权利。其包括身体完整和行动自由两个层面。前者重点是保护自然人的身体组织完整并支配其肢体、器官和其他身体组织的权利，后者是前者衍生出来的，支配身体行动自由的权利。所谓健康权就是自然人保持人的身体机能维持在健康水平和状态的权利。其包括身体健康权和心理健康权。

生命权、身体权、健康权是自然人最为基础的人身和人格权益，不得侵害自然人的生命权、身体权、健康权也是《民法典》的基本条款。《民法典》在第一千零二条规定：“自然人享有生命权。自然人的生命安全和生命尊严受法律保护。任何组织或者个人不得侵害他人的生命权。”第一千零三条规定：“自然人享有身体权。自然人的身体完整和行动自由受法律保护。任何组织或者个人不得侵害他人的身体权。”第一千零四条规定：“自然人享有健康权。自然人的身心健康受法律保护。任何组织或者个人不得侵害他人的健康权。”这三个条款分别规定了自然人的生命权、身体权、健康权。妇女作为自然人，显然享有生命权、身体权、健康权，不得因为是女性而遭受非法剥夺。但因为妇女的生命权、身体权、健康权容易遭受侵害，所以本条对此专门作出规定。

二、禁止非医学需要的胎儿性别鉴定和选择性别的人工终止妊娠

生命权、身体权、健康权是每个人的基本权利，内容广泛。各种类型的法律都有涉及生命权、身体权、健康权的保护，妇女权益保障的立法没有必要全部详细列举。但对于涉及妇女的特有权利则需要妇女权益保障立法加以专门确立。其中禁止非医学需要的胎儿性别鉴定和选择性别的人工终止妊娠一直是妇女权益保障的重点。本条第一项从保护妇女生命健康权益的角度出发，禁止非医学需要的胎儿性别鉴定和选择性别的人工终止妊娠。对于此规定,可以从以下几个方面理解。

首先,什么是非医学需要的胎儿性别鉴定和选择性别的人工终止妊娠。《禁止非医学需要的胎儿性别鉴定和选择性别人工终止妊娠的规定》第二条规定,非医学需要的胎儿性别鉴定和选择性别的人工终止妊娠就是指除经医学诊断胎儿可能为伴性遗传病等需要进行胎儿性别鉴定和选择性别人工终止妊娠以外,所进行的胎儿性别鉴定和选择性别人工终止妊娠。非医学需要的胎儿性别鉴定和选择性别的人工终止妊娠是两类既相互关联又性质不同的行为。前一种行为是胎儿性别鉴定,后一种行为是人工终止妊娠。但在妇女权益保障中这两种行为具有一致性,目的就是要人为控制女婴的出生。

其次,非医学需要的胎儿性别鉴定和选择性别的人工终止妊娠侵害了妇女什么权益。从医学的角度而言,胎儿性别鉴定对孕妇及胎儿本身没有多大危害,但非医学需要的胎儿性别鉴定的目的是为了终止女婴的出生。尽管胎儿是否有生命权一直存在争议,但在学理上,出生权也是生命权中的一种。尤其是胎儿孕育时间越长,其生命权能越大。不仅如此,选择性别的人工终止妊娠也是对孕妇生命权、身体权、健康权的侵犯。在生育行为中,妇女往往没有非医学需要的胎儿性别鉴定和选择性别的人工终止妊娠的决定权。在人工终止妊娠中妇女的生命权、身体权、健康权受到了侵害,也很难获得救济。

最后,为何要禁止。禁止非医学需要的胎儿性别鉴定和选择性别的人工终止妊娠的核心目的是防范生育行为的性别选择,从而导致性别失衡。中国重男轻女的文化传统使得在生育过程中,人们更愿意选择男性婴儿而放弃女性婴儿。这种现象在计划生育时期更为突出。尽管随着现代社会的进步,男女平等观念在加强,生育也在逐步放开,但全国重男轻女的风气还比较盛行,即使是在上海也还存在。因此,有必要明确禁止。而且为了有效防范非医学需要的胎儿性别鉴定和选择性别的人工终止妊娠,我国专门制定了《禁止非医学需要的胎儿性别鉴定和选择性别人工终止妊娠的规定》,对如何防范非医学需要的胎儿性别鉴定和选择性别的人工终止妊娠有专门的应对措施。此外,该规定还明确了违反规定所应承担的法律后果。例如,根据该规定,对违反规定利用相关技术为他人实施非医学需要的胎儿性别鉴定或者选择性别人工终止妊娠的机构或者个人,由相关部门对医疗保健机构的法定代表人、直接负责的主管人员和其他直接责任人员,依法给予处分。对介绍、组织孕妇实施非医学需要的胎儿性别鉴定,或者选择性别人工终止妊娠的,由县级以上卫生计生行政部门责令改正,给予警告;情节严重的,没收违法所得,并处相应的罚款。根据《人口与计划生育法》的规定,违法进行非医学需要的胎儿性别鉴定和选择性别的人工终止妊娠，构成犯罪的，依法追究刑事责任。

三、禁止虐待、遗弃、残害、买卖妇女

此条款是《条例》根据上位法作出的相应调整。新修订的《妇女权益保障法》第二十一条规定“妇女的生命权、身体权、健康权不受侵犯。禁止虐待、遗弃、残害、买卖以及其他侵害女性生命健康权益的行为”，把比较突出的侵害行为提炼为虐待、遗弃、残害、买卖四大类型，既使得条文更加简洁，又可以把所有涉及虐待、遗弃、残害、买卖妇女的行为都纳入保护对象，拓展了妇女权益保障的范围。

所谓虐待妇女的行为，就是指经常以打骂、冻饿、捆绑、强迫超体力劳动、限制自由、凌辱人格等各种方法，从肉体、精神上迫害、折磨、摧残妇女的行为。虐待妇女主要限定在家庭范围，但也可以发生在负有特定监护和看护职责的主体之间。所谓遗弃妇女的行为，就是指在家庭中对年老、年幼、患病或者其他没有独立生活能力的妇女有扶养义务而拒绝扶养或抛弃的行为，遗弃妇女主要表现形式是遗弃家庭中没有生活能力的女性。所谓残害妇女的行为，就是通过暴力、迷信、精神控制等手段侵害妇女生命权、身体权、健康权的行为。残害妇女的行为的表现形式不仅表现为直接侵害行为，也表现为非暴力的精神控制，教唆妇女自残自杀的行为。残害妇女的行为也不仅限于残害家庭中的女性，也包括社会上所有的残害女性的行为。所谓买卖妇女的行为，就是把妇女当成商品进行交易

的行为。

四、禁止其他侵害女性生命健康权益的行为

本条第三项是一个兜底性条款，即对前两项所规定的侵害行为无法包含的侵犯生命健康权益的行为进行概括性规定。法律法规中采用兜底性条款，主要是为防止列举式立法的不周延性，同时也是为了应对社会情势发展的变迁性。根据本项规定，本条第一项、第二项列举的侵害行为之外，其他侵害女性生命健康权益的行为同样是被禁止的。

第二十二条 妇女的人身自由不受侵犯。禁止下列行为：

（一）非法拘禁或者以其他非法手段剥夺、限制妇女的人身自由；

（二）非法搜查妇女的身体；

（三）拐卖、绑架妇女，收买被拐卖、绑架的妇女，阻碍解救被拐卖、绑架的妇女；

（四）其他侵犯妇女人身自由的行为。

［释义］ 本条是关于妇女人身自由的保护规定。

一、关于妇女的人身自由不受侵犯

本条依据《妇女权益保障法》第十九条制定。该条规定："妇女的人身自由不受侵犯。禁止非法拘禁和以其他非法手段剥夺或者限制妇女的人身自由；禁止非法搜查妇女的身体。"其中，人身自由是人自主行为的自由，是人参与社会活动，组织和参与社会关系，行使人一切权利的前提要件和基本保障。人身自由不受侵犯是指自然人享有的人身不受他人非法限制、强制、拘禁、拘束、干涉或妨碍等限制的权利。人身自由有广义和狭义之分，广义上理解的人身自由是指一般人格权中的人身自由，包括了行动自由、自主决定和精神自由。自主决定主要体现在如参与药品试验、捐献器官等。精神自由包括禁止采取欺诈、胁迫等方式妨碍他人的精神活动自由。而从狭义上理解的人身自由主要是指物理上的行动自由，即不受他人非法限制、强制、拘禁、拘束、干涉或妨碍等限制的自由。

人身自由也是我国《宪法》所确认的公民基本权利之一。《宪法》第三十七条规定："中华人民共和国公民的人身自由不受侵犯。任何公民，非经人民检察院批准或者决定或者人民法院决定，并由公安机关执行，不受逮捕。禁止非法拘禁和以其他方法非法剥夺或者限制公民的人身自由，禁止非法搜查公民的身体。"《宪法》对人身自由的规定构成了保护妇女人身自由的基石。一方面，《宪法》关于人身自由的规定是《妇女权益保障法》以及本《条例》的立法依据和基本指导。另一方面，《妇女权益保障法》和本《条例》是对《宪法》条款的具体细分和延伸，为准确适用《宪法》提供解释性说明。此外，《民法典》第一千零一十一条规定："以非法拘禁等方式剥夺、限制他人的行动自由，或者非法搜查他人身体的，受害人有权依法请求行为人承担民事责任。”《民法典》中关于人身自由的规定为受害者提供了救济保障。除《民法典》对人身自由进行保护外，我国《刑法》第二百四十五条也规定：“非法搜查他人身体、住宅，或者非法侵入他人住宅的，处三年以下有期徒刑或者拘役。”《刑法》对非法搜查进行规定，可有效减少不法行为的发生，保障妇女的切身利益。在现实生活中，女性因其生理特征常处于劣势地位，拐卖、绑架以及非法拘禁妇女的案件不断出现，时刻刺痛着人们的神经。法律对女性的人身自由作出保护规定，一方面是保障我国公民都享有的基本权利，体现了妇女享有同男子平等的权利，是对宪法的回应。另一方面对女性的人身自由作出特别规定，保障妇女的人身自由，是对社会现实的回应。

二、禁止非法拘禁或者以其他非法手段剥夺、限制妇女的人身自由

限制人身自由有多种方式，最常见的限制他人人身自由的方式就是非法拘禁。非法拘禁是指以拘押、禁闭或者其他强制方法，非法剥夺他人人身自由的行为。非法拘禁常常会伴随着暴力行为、人格侮辱，直接威胁受害者的生命权、健康权等人身权利，同时也会侵害受害者的人格尊严。《宪法》第三十七条规定：“中华人民共和国公民的人身自由不受侵犯。任何公民，非经人民检察院批准或者决定或者人民法院决定，并由公安机关执行，不受逮捕。”如果国家机关依据法定的权限和程序限制或剥夺自然人的行动自由，则应当属于合法限制或剥夺自然人的行动自由，不构成侵权。

对于以其他非法手段剥夺、限制妇女的人身自由中的“其他非法手段”有一般性规定和具体认定对其进行解释。2019 年施行的《关于办理实施“软暴力”的刑事案件若干问题的意见》对“其他非法手段”给出了一般性解释。该意见指出：“有组织地多次短时间非法拘禁他人的，应当认定为《刑法》第二百三十八条规定的‘以其他方法非法剥夺他人人身自由’。非法拘禁他人三次以上、每次持续时间在四小时以上，或者非法拘禁他人累计时间在十二小时以上的，应当以非法拘禁罪定罪处罚。”以其他非法手段剥夺或限制他人人身自由的行为是指采用威胁、恐吓、毒品、麻醉等手段剥夺或限制人身自由的行为。其他非法手段的一般性规定和具体认定相结合，将有效解除在现实生活中一些不法行为人因其行为不被认定为剥夺或限制人身自由，从而逃脱法律制裁的困境。对其他非法手段的认定将更为有效地保障妇女身体健康权，减少对妇女人格尊严侮辱和人身自由限制。

三、禁止非法搜查妇女的身体

非法搜身是指未经法律授权的组织或个人，对妇女的身体进行搜查，或者司法机关违反法定的程序和条件，对女性的身体进行搜查。非法搜身涉及对人身权利的侵害，主要侵害了受害人两方面的权利。一是人格尊严。人格尊严是指自然人基于自己所处的社会环境、地位、声望、工作环境、家庭关系等各种客观条件而对自己和他人的人格价值和社会价值的认识和尊重。人格尊严是一般人格权的重要内容,也是人格权民法保护的核心要素。二是身体隐私。身体隐私部位是指不愿对他人公开的身体的各个部位,尤其是性器官、有残疾的部位等。在实践中,有的不法行为人在非法搜身时采取暴力行为或故意猥亵他人,这不仅侵害了他人的身体权,更侵害了他人的隐私权。本条规定禁止非法搜查他人身体,可以对实践中频繁发生的非法搜身现象予以禁止,使妇女人身自由、人格尊严或隐私等权益免受侵害。

四、禁止拐卖、绑架妇女,禁止收买被拐卖、绑架的妇女,禁止阻碍解救被拐卖、绑架的妇女

本条依据《妇女权益保障法》第二十二条制定。该条规定,“禁止拐卖、绑架妇女;禁止收买被拐卖、绑架的妇女;禁止阻碍解救被拐卖、绑架的妇女”。

所谓绑架妇女,就是以勒索财物为目的,或者是出于其他的目的采用暴力、胁迫或者麻醉的方法,劫持妇女作为人质的行为。现实生活中,以勒索财物为目的的绑架行为较为多见,但也有一些绑架是出于非侵财目的,如为达到某些政治目的或者是进行恐怖活动而实施的绑架妇女的行为。所谓拐卖妇女,是指以出卖为目的,拐骗、绑架、收买、贩卖、接送、中转妇女的行为。拐骗是指行为人以欺骗、引诱的方法拐走妇女;绑架是指行为人以暴力、胁迫或者麻醉的方法绑架妇女;收买是指行为人不以出卖为目的,而以一定的钱物收买被拐卖、绑架的妇女;贩卖是指将拐骗、绑架、收买的妇女转手出卖;接送、中转指在拐卖妇女的犯罪中分工接送被害妇女或者将妇女转手交给其他人贩子。拐卖妇女既可以是实施了拐骗、贩卖等多个行为,也可以是以出卖妇女为目的,单独实施了拐骗、绑架等某个单一行为。拐卖和绑架妇女对妇女的生命权、健康权、人身自由等多项权利进行了侵犯,是我国《刑法》明确禁止的行为。我国《刑法》第二百三十九条规定:"以勒索财物为目的绑架他人的,或者绑架他人作为人质的,处十年以上有期徒刑或者无期徒刑,并处罚金或者没收财产;情节较轻的,处五年以上十年以下有期徒刑,并处罚金。"第二百四十条规定,"拐卖妇女、儿童的,处五年以上十年以下有期徒刑,并处罚金"。

在现实生活中,除拐卖、绑架妇女对妇女的身心健康造成的巨大损害外,收买方将女方收买到自己家中可能会强迫女方实施性行为,让女方为收买方的家族传宗接代,甚至为了防止妇女逃跑而对其进行故意伤害、非法拘禁,这种行为对妇女的生命权、健康权、生育权等诸多权利亦会造成巨大侵害。此外,阻碍解救被拐卖、绑架妇女的情形在过去也很常见,收买方可利用其亲属或其他人员阻碍解救被拐卖、绑架妇女。收买和阻碍解救被拐卖、绑架的妇女，不仅会给解救工作造成巨大困难，还会对妇女的人身人格权益造成巨大侵害。《刑法》第二百四十二条第二款："聚众阻碍国家机关工作人员解救被收买的妇女、儿童的首要分子，处五年以下有期徒刑或者拘役；其他参与者使用暴力、威胁方法的，依照前款的规定处罚。"本条关于拐卖、绑架妇女的规定与《刑法》有机地衔接，有效地规制拐卖、绑架妇女的行为，从而有效保障了妇女的生命权、健康权、人身自由和人格尊严等多项权利。

五、其他侵犯妇女人身自由的行为

本条第四项是一个兜底性条款，即对前三项所规定的侵害行为无法包含的侵犯人身自由的行为进行概括性规定，主要是防止列举式立法的不周延性，同时也是为了应对社会情势发展的变迁性。

第二十三条 禁止以恋爱、交友为由或者在终止恋爱关系、离婚之后，纠缠、骚扰妇女，泄露、传播妇女隐私和个人信息。

妇女遭受上述侵害或者面临上述侵害现实危险的，可以向人民法院申请人身安全保护令。

［释义］ 本条是关于禁止因婚恋纠纷侵害妇女人格权益的规定。

本条依据《妇女权益保障法》第二十九条制定。该条规定："禁止以恋爱、交友为由或者在终止恋爱关系、离婚之后，纠缠、骚扰妇女，泄露、传播妇女隐私和个人信息。

妇女遭受上述侵害或者面临上述侵害现实危险的，可以向人民法院申请人身安全保护令。"这是新修订《妇女权益保障法》的新增条款，新增人身安全保护令的适用范围，扩大了妇女权益的保护范围和保护方式。

人的人格尊严是独立的且一直存在的，不会因为关系的发生或终止而变动。现实生活中，侵害妇女权益的行为不仅发生在婚姻家庭领域，在男女恋爱、交友过程中出现侵害妇女人身和人格权益的情形越来越常见。在两性关系中不可避免地存在亲密接触、私密信息往来等包含隐私内容的情形，一旦男性以公开裸照、性隐私、私密信息等方式侵害妇女的人身和人格权益，妇女承受的心理压力与遭受的社会舆论攻击有时远比遭受暴力伤害更为严重与恶劣。除在恋爱、交友过程中侵害妇女权益的情形，恋爱终止和离婚后侵害妇女权益的情形也越来越多。在婚恋终止后，男性出于报复心理或者为威胁妇女复合，纠缠、骚扰妇女，泄露、传播妇女的隐私和个人信息同样会对妇女造成巨大的身心伤害。《条例》对此类情形作出了有力回应，填补了长久以来保护妇女的人身和人格权益的法律空白。

一、禁止以恋爱、交友为由或者在终止恋爱关系、离婚之后，纠缠、骚扰妇女，泄露、传播妇女隐私和个人信息

本条第一款用禁止性规范具体规定了侵害妇女权益的适用条件和表现行为。适用条件即以恋爱、交友为由或者在终止恋爱关系、离婚之后。表现行为即纠缠、骚扰妇

女，泄露、传播妇女隐私和个人信息的行为。它为现实生活中许多因恋爱关系结束或婚姻关系破裂而遭受纠缠、骚扰、威胁深感无助的女性提供了法律保护，维护了妇女的人身和人格权益。本条规定与《反家庭暴力法》第四章人身安全保护令的内容相衔接，《反家庭暴力法》仅将保护妇女的合法权益限缩在家庭领域，而《妇女权益保障法》和《条例》扩大了对妇女权益保护的范围，也就是说以恋爱、交友为由或者在终止恋爱关系、离婚之后，一旦侵权人纠缠、骚扰妇女，泄露、传播妇女隐私和个人信息，都属于《妇女权益保障法》和《条例》保护的范围。

二、妇女遭受上述侵害或者面临上述侵害现实危险的，可以向人民法院申请人身安全保护令

遭受上述侵害是指男性以恋爱、交友为由或者在终止恋爱关系、离婚之后，通过信息、电话骚扰、跟踪纠缠女性或将有关女性的个人信息或私密隐私泄露传播。面临上述现实危险是指并不要求纠缠、骚扰妇女，泄露、传播妇女隐私和个人信息等行为现实发生，女方有证据证明自己即将受到现实侵害，例如，在婚恋关系终止后，男性利用女性隐私要求女性与其复合或者勒索女性财产，即可申请人身安全保护令。

人身安全保护令是当事人因遭受家庭暴力或者面临家庭暴力的现实危险向人民法院申请的保护当事人免受侵害的民事强制措施。《反家庭暴力法》第二十三条第一款规定:“当事人因遭受家庭暴力或者面临家庭暴力的现实危险,向人民法院申请人身安全保护令的,人民法院应当受理。”由此可知人身安全保护令的保护范围是“遭受家庭暴力或者面临家庭暴力现实危险”,但在社会中,纠缠、骚扰妇女,泄露、传播妇女隐私和个人信息同样会对妇女造成巨大侵害,却无法通过人身安全保护令保障女性的切实权益。《妇女权益保障法》和《条例》将纠缠、骚扰妇女,泄露、传播妇女隐私和个人信息纳入可申请人身安全保护令的适用范围。人身安全保护令的扩展适用将有效保障妇女的人身自由和隐私权,使妇女免受进一步可能发生的危险。

第二十四条 妇女的人格尊严不受侵犯。禁止下列行为:

(一)通过广播、电视、报刊、网络等传播贬低损害妇女人格尊严的内容;

(二)在广告、招贴宣传以及商业经营活动中贬低损害妇女人格尊严;

(三)以刺探、侵扰、泄露、公开等方式侵害妇女的隐私权;

(四)侮辱、诽谤、性骚扰妇女;

(五)其他侵犯妇女人格尊严的行为。

妇女的姓名权、肖像权、名誉权、荣誉权、隐私权和个人信息等人格权益受法律保护。媒体报道涉及妇女事件

应当客观、适度，不得侵害妇女的人格权益。

［释义］ 本条是关于保护妇女的人格尊严的规定。

一、关于人格权的有关规定

本条依据《妇女权益保障法》第二十条、第二十三条和第二十八条制定。人格权是我国《宪法》赋予公民的一项权利，也是受《民法典》保护的权利。人格权主要包括姓名权、肖像权、名誉权、荣誉权、隐私权和个人信息。《宪法》第三十八条规定："中华人民共和国公民的人格尊严不受侵犯。禁止用任何方法对公民进行侮辱、诽谤和诬告陷害。"《民法典》第一百零九条规定："自然人的人身自由、人格尊严受法律保护。"《妇女权益保障法》第二十条规定："妇女的人格尊严不受侵犯。禁止用侮辱、诽谤等方式损害妇女的人格尊严。"

所谓人格权，《民法典》第九百九十条有明确的规定，即人格权是民事主体享有的生命权、身体权、健康权、姓名权、名称权、肖像权、名誉权、荣誉权、隐私权等权利。生命权、身体权、健康权有专门的条款对其作了相应的规定。《妇女权益保障法》第二十八条规定，"妇女的姓名权、肖像权、名誉权、荣誉权、隐私权和个人信息等人格权益受法律保护"。其中妇女的姓名权是指妇女依法享有的决定、使用、变更自己姓名或许可他人使用自己的姓名并维护其姓名利益的权利。妇女的肖像权是指妇女有权依法制作、使用、公开或者许可他人使用自己的肖像。妇女的名誉权是指妇女享有就其个人品德、声望、才能等自身属性和价值所获得的社会评价,并对其保有和维护的权利。妇女的荣誉权是指妇女对其获得的荣誉及其利益依法享有的保持支配并不受他人非法侵害的权利。妇女的隐私权是指妇女享有的对其与公共利益无关的个人生活安宁和私密空间、私密活动和私密信息及其利益自主支配,不受他人侵扰,不被他人以泄露、公开、刺探等方式侵害的权利。妇女的个人信息是指以电子或其他方式记录的能够单独或者与其他信息结合识别妇女的各种信息。妇女的个人信息权是指妇女依法对其个人身份信息所享有的支配并排除他人侵害的权利。

二、通过广播、电视、报刊、网络等传播贬低损害妇女人格尊严的内容

在当今社会,人们依赖广播、电视、报刊、网络等大众媒体获取信息、资讯的占比越来越高。一些网民或企业为了制造热点、哗众取宠通过大众媒体故意贬低妇女人格,进行有损女性尊严的宣传,例如,在网络上发布、宣传妇女的隐私及穿着暴露的女性照片,有的甚至造"黄谣"公然侮辱女性人格尊严,给妇女造成了巨大的身心伤害。为杜绝这种侵犯妇女人格尊严的行为,引导和教育公众树立良好的社会风气,本条通过禁止性的规定限制有关损害妇女人格尊严的内容公布。《条例》这样规定可以使企业和个人认识到自己行为的过错,有利于维护女性的人格尊严。

三、在广告、招贴宣传以及商业经营活动中贬低损害妇女人格尊严

近些年来，社会中出现了一种风气，就是在广告、招贴宣传以及商业经营活动中增加一些侮辱女性的内容。例如，在广告、招贴中出现带有女性敏感部位的图片；过度利用女性的容貌、身体等刺激消费以追求“美女经济”的经济效益；片面利用整形美容等广告进行促销；在宣传活动中附加对女性的性暗示和性骚扰。我国《广告法》第九条规定：“广告不得有下列情形：……(八)含有淫秽、色情、赌博、迷信、恐怖、暴力的内容；(九)含有民族、种族、宗教、性别歧视的内容……”此处所说的内容不仅包括宣传活动中的照片、视频，还包括语言、文字。在广告、招贴宣传以及商业经营活动中贬低损害妇女人格尊严的做法不仅是对广告中涉及的女性的人格侮辱，也是对全体社会女性的人格尊严的蔑视。

四、以刺探、侵扰、泄露、公开等方式侵害妇女的隐私权

此条款是《条例》根据《民法典》作出的相应调整，对宣扬、散布进行了整合并新增了以刺探、侵扰以及泄露等方式侵害妇女隐私权的行为。《民法典》第一千零三十二条规定：“自然人享有隐私权。任何组织或者个人不得以刺探、侵扰、泄露、公开等方式侵害他人的隐私权。”

隐私是自然人的私人生活安宁和不愿为他人知晓的

私密空间、私密活动、私密信息，任何组织和人不得以任何形式侵犯。刺探是指对妇女未公开的隐私和个人信息通过各种形式暗中查探。在行为人以刺探方式侵害他人隐私的情形下，无论公开隐私资料与否都会构成对他人隐私权的侵害。侵扰就是所谓的侵扰个人生活安宁，包括窃听私人电话、跟踪尾随他人、偷窥他人行动等一切足以干扰他人私人生活安宁的行为。所谓泄露，是指行为人未采取相关的安全措施导致他人的私人信息被不当公开。行为人未经许可泄露他人的个人信息，也构成对他人个人信息权的侵害。个人有权控制其个人信息，也有权控制其个人信息的利用方式和传播范围，行为人未经许可非法传播他人个人信息的，将构成对他人个人信息权的侵害。所谓公开，是指行为人未经他人许可擅自将其私人信息告知第三人。在行为人公开他人私人信息的情形下，行为人所持有的他人私密信息既可能是通过刺探等方式获得的，也可能是权利人自愿向其披露的，但只要行为人违背权利人意愿将其公开，即构成对他人隐私权的侵害。在上述四种方式之外，本条还禁止采用其他方式侵害权利人的隐私权，例如，窥视、拍摄、非法收集、非法传播等。

五、侮辱、诽谤、性骚扰妇女

《妇女权益保障法》第二十条规定："妇女的人格尊严不受侵犯。禁止用侮辱、诽谤等方式损害妇女的人格尊严。"侮辱、诽谤、性骚扰妇女会对妇女的人身人格权益造成巨大侵害,因此是我国法律明确禁止的行为。我国《宪法》第三十八条规定:“中华人民共和国公民的人格尊严不受侵犯。禁止用任何方法对公民进行侮辱、诽谤和诬告陷害。”《民法典》第一千零二十四条规定:“民事主体享有名誉权。任何组织或者个人不得以侮辱、诽谤等方式侵害他人的名誉权。”第一千零二十七条规定:“行为人发表的文学、艺术作品以真人真事或者特定人为描述对象,含有侮辱、诽谤内容,侵害他人名誉权的,受害人有权依法请求该行为人承担民事责任。”第一千零一十条规定:“违背他人意愿,以言语、文字、图像、肢体行为等方式对他人实施性骚扰的,受害人有权依法请求行为人承担民事责任。”

侮辱是指故意以暴力或其他方式贬低他人人格,毁损他人名誉。在侮辱他人的情况下,行为人主观上具有毁损他人名誉的目的和故意。侮辱行为主要有如下几种方式:首先是暴力侮辱。此处的暴力行为是指对受害人施以暴力或以暴力相威胁,使他人人格、名誉受到侵害。例如,往他人脸上吐唾沫、往他人身上泼粪便等,暴力侮辱通常可能伴随对他人身体权、健康权的侵害。其次是语言侮辱。此处的语言侮辱是指用语言对他人进行嘲笑、辱骂,如以猥亵的语言辱骂妇女,用下流、肮脏的语言谩骂他人等。语言侮辱构成侵权通常需要情节严重并明显造成了受害人的精神痛苦。再次是文字侮辱。文字侮辱是指通过书写文字、图形对他人进行侮辱,侵害他人名誉,如书写和张贴丑化他人、侮辱他人人格的标语、漫画等。最后是以其他方式侮辱。除上述方式外,行为人以其他方式侮辱他人的,也构成对他人名誉权的侵害。实践中,还有一种侮辱形式即态度侮辱。态度侮辱主要表现为行为人作出一定的姿态、表演有辱他人,如扮鬼脸、恶行、恶状以及当众焚毁他人相片、标志等。

诽谤是指捏造、散布某些虚假的事实,损害他人名誉的行为。诽谤不同于侮辱:一方面,侮辱既可以语言的方式进行,也可以行为的方式进行。但是诽谤行为只能通过语言的方式进行。另一方面,侮辱主要针对受害人,第三人可能并不知晓;而诽谤虽然也针对受害人,但是,它不可能直接针对受害人实施,而是将有损受害人名誉的言论向第三人传播,所以诽谤通常涉及第三人。此外,侮辱行为一般是故意的,但诽谤有可能出于过失。例如,某出版社对某部具有诽谤内容的作品审查不严,具有过失。

依据《民法典》第一千零一十条的规定可知,《民法典》关于性骚扰的规定不仅仅局限于针对妇女的性骚扰。《妇女权益保障法》修订吸收《民法典》的规定精神,作出了更加具体的规定:“禁止违背妇女意愿,以言语、文字、图像、肢体行为等方式对其实施性骚扰。”

根据本条规定以及实践中的情形,认定性骚扰行为应当注意把握以下几个方面:一是本法规制的是针对妇女的性骚扰,受害人是女性,但实施性骚扰的行为人不区分是同性还是异性。二是性骚扰行为与性有关,行为人具有性意图,以获取性方面的生理或者心理满足为目的。具体方式是多种多样的,包括言语、文字、图像、肢体行为等。三是违背妇女的意愿,这是构成对妇女的性骚扰最核心的要件。妇女明确表示厌恶、反感、拒绝、警告或者反抗,可以认定为违背妇女意愿;妇女迫于压力而没有明确表示拒绝甚至表面服从,事实上也是违背妇女意愿;妇女曾经愿意但后来不愿意延续,如果继续纠缠不休,也可以认定为违背妇女意愿。四是性骚扰行为针对的对象是具体、明确的,行为对象的特定性要在个案中结合具体情况加以判断。五是对妇女实施性骚扰的行为人主观上通常是故意,在公共汽车、地铁等场所因为紧急刹车、拥挤等原因难以避免或者过失地触碰到妇女身体一般不构成性骚扰。而受到性骚扰的救济措施在《条例》第二十六条有明确规定。

六、媒体报道涉及妇女事件应当客观、适度,不得侵害妇女的人格权益

《妇女权益保障法》在第二十八条第二款中对保护妇女的人格权益提出了具体规定,即媒体报道涉及妇女事件应当客观、适度,不得通过夸大事实、过度渲染等方式侵害妇女的人格权益,这是对媒体报道行为的具体规则要求。《民法典》第一千零二十八条规定:"民事主体有证据证明报刊、网络等媒体报道的内容失实,侵害其名誉权的,有权请求该媒体及时采取更正或者删除等必要措施。"而《妇女权益保障法》和《条例》的规定是将通过夸大事实、过度渲染等方式侵害妇女人格权益的行为纳入规制范围内,较之《民法典》的规定更为严格,体现了《妇女权益保障法》《条例》对妇女的保护。

第二十五条 各级人民政府和公安、民政、人力资源和社会保障、卫生健康等部门以及居民委员会、村民委员会按照各自的职责及时发现报告,并采取措施解救被拐卖、绑架的妇女,做好被解救妇女的安置、救助和关爱等工作。妇女联合会协助和配合做好有关工作。

任何组织和个人不得歧视被拐卖、绑架的妇女。

[释义] 本条是关于社会协同救助被拐卖、绑架妇女的规定。

本条依据《妇女权益保障法》第二十二条制定。该条进一步强化了社会各方主体应当积极配合、共同协作,及时采取有效措施制止拐卖、绑架妇女等相关行为的发生。我国法律对救助被拐卖、绑架的妇女有详细规定。《民法典》第一千零五条规定:"自然人的生命权、身体权、健康权受到侵害或者处于其他危难情形的,负有法定救助义务的组织或者个人应当及时施救。"《刑法》第四百一十六条规定:"对被拐卖、绑架的妇女、儿童负有解救职责的国家机关工作人员,接到被拐卖、绑架的妇女、儿童及其家属的解救要求或者接到其他人的举报,而对被拐卖、绑架的妇女、儿童不进行解救，造成严重后果的，处五年以下有期徒刑或者拘役。”《民法典》和《刑法》共同明确了国家部门、社会主体救济被拐卖、绑架妇女的法律义务，为解救、安置、救助和关爱被拐卖、绑架的妇女提供法律支撑。

预防拐卖、绑架妇女行为的发生需要社会力量的介入。在拐卖、绑架妇女后，犯罪人有可能会因各种事由带领受害人去当地的政府部门办理相关事务，或者去卫生健康部门看病，在办理事务时或者看病查体时，相关部门应注意妇女的神情状态、求救信号或奇怪行为，并进一步调查该女子的相关信息，进行初步判断该女子是否为被拐卖、绑架的。在有所怀疑并有相关证据证明该女子可能是被拐卖、绑架的妇女后，应及时联系公安部门，请求他们现场查验，以确定该女子是否为被拐卖、绑架的妇女。

在现实生活中被拐卖、绑架的妇女多被控制在农村或小区居民家中，而此时就需要充分发挥村委会和居委会的力量，进行定期调查和摸排该村或该小区是否有疑似被拐卖、绑架的妇女，做好背景调查。如若遇到有疑似被拐卖绑架的妇女，当地村委会或者居委会应当及时联系相关部门，采取措施协助解救被拐卖、绑架的妇女并及时安置、救助和关爱被拐卖、绑架的妇女，这不仅体现了法律的人文关怀，而且彰显了社会主义核心价值观的基本精髓。除上述村(居民)组织外，公安、民政、人力资源和社会保障等相关部门遇见可疑情况也应该做到及时有效的处理，预防和制止拐卖、绑架妇女。例如,公安部门在排查卖淫嫖娼活动时,对失足妇女应仔细排查,做好背景调查,看其是否为被拐卖、绑架的妇女。对其他部门发现的被拐卖、绑架妇女的消息进行及时处理,采取解救工作。民政部门在开展社会救济和社会福利保障工作时应做好帮扶群体的背景调查,并做好后续的安置工作。妇联应配合以上机关做好解救、安置和救助等工作。

就救济程序和措施而言,首先,各部门要就发现的可疑情况向公安机关及时报告,并配合好公安机关做好解救以及后续工作。其次,公安部门在接到或收到有关被拐卖、绑架妇女的报警电话或信息后,应与其他部门一同做好解救工作,并全力保障被拐卖、绑架妇女的人身安全。在妇女被解救出来后,妇联应同其他部门做好相应的安置和救助工作,并对其进行心理辅导关爱,保障被拐卖、绑架妇女心理健康。

在现实生活中,因为陈腐的观念,被拐卖、绑架的妇女时常会遭受歧视,因此,本条还对不得歧视被拐卖、绑架的妇女作了规定。被拐卖和绑架的妇女本身经历过巨大的身心伤害,此时再对她们进行各种形式的歧视,会加深妇女的心理伤害、使妇女回想起之前的痛苦遭遇,甚至有可能造成无法挽回的局面。歧视被绑架、拐卖的妇女是对她们人格尊严的巨大伤害。我国《妇女权益保障法》第二条第二款规定,“国家采取必要措施,促进男女平等,消除对妇女一切形式的歧视，禁止排斥、限制妇女依法享有和行使各项权益”。法律保障妇女的人格尊严，应给予被拐卖、绑架的妇女心理健康辅导，帮助被绑架、拐卖的妇女尽快从痛苦回忆走出来，回归正常生活。

第二十六条 禁止违背妇女意愿，以言语、文字、图像、肢体行为等方式对其实施性骚扰。

受害妇女可以向有关单位和国家机关投诉。接到投诉的有关单位和国家机关应当及时处理，并书面告知处理结果。

受害妇女可以向公安机关报案，也可以向人民法院提起民事诉讼，依法请求行为人承担民事责任。

［释义］ 本条是关于禁止性骚扰的条款。

本条依据《妇女权益保障法》第二十三条制定。该条规定：“禁止违背妇女意愿，以言语、文字、图像、肢体行为等方式对其实施性骚扰。受害妇女可以向有关单位和国家机关投诉。接到投诉的有关单位和国家机关应当及时处理，并书面告知处理结果。受害妇女可以向公安机关报案，也可以向人民法院提起民事诉讼，依法请求行为人承担民事责任。”《民法典》明确任何人不受任何形式的性骚扰，而《妇女权益保障法》则从性别视角提出给予女性不受性骚扰的特殊保护。性骚扰是指用言语、文字、图像、肢体行为等方式对特定人实施的，违背其本人意愿，以性为取向的骚扰行为。具体指行为人出于发泄性欲、恶作剧或故意骚扰、侮辱的动机，通过语言、肢体、环境布置等方式，对妇女进行违背其意志的性挑逗或性刺激，给被骚扰妇女带来烦恼和精神压抑甚至造成精神损害。

一、禁止违背妇女意愿，以言语、文字、图像、肢体行为等方式对其实施性骚扰

《条例》第二十四条明确了认定性骚扰行为应当明确注意的几个方面，本条第一款主要对实行性骚扰的具体行为进行阐述，具体有以下几种情形。

第一，身体接触骚扰。身体接触骚扰是指故意侵犯女性的隐私部位的性骚扰行为，常见表现形式为乱搂乱抱、故意碰撞、故意紧贴、“咸猪手”等骚扰行为。

第二，言语骚扰。言语骚扰是指通过语言针对女性所实施的一系列骚扰行为。常见表现形式有在女性面前故意谈论有关性的话题，询问女性的个人隐私，或以言语骚扰、挑逗对方。

第三，信息骚扰。信息骚扰是指通过电子设备或其他载体，向女性发送带有性骚扰的文字、照片、视频等骚扰行为。常见表现形式有向女方发送带有性骚扰或者性暗示的短信，发送黄色图片或视频等。

第四，自我暴露骚扰。自我暴露骚扰是指在女性面前故意露出下体或裸体的性骚扰行为。自我暴露骚扰的人常常在公共场所或夜晚等有女子出没的地方，突然故意露出下体或裸体，并做出下流动作，吸引她们注意，故意惊吓女性。

除上述四种性骚扰行为外，在日常生活和工作中具有高发生率的情形同样需要得到明确。首先就是职场性骚扰行为。职场性骚扰就是指发生在工作场所的性骚扰，即在工作场所中一方对他方实施的、不受欢迎的、具有性本质的侵犯他人人格权及其他权益，达到一定严重程度的行为。此外是利用从属关系进行性骚扰。所谓从属关系，是指基于工作、学习、生活等社会关系而使一方在一定程度上隶属于另一方。利用从属关系进行性骚扰可能有多种表现形式，如以明示或暗示方式对他人施加压力，使他人提供性方面的回报，或者利用谈话、谈心等方式故意进行身体上的接触等。

二、受害妇女向有关单位和国家机关的投诉与处置

本条第二款是为保证受害妇女能够切实可行维护自身的合法权益而设定的。有关单位一般是指女性或实施性骚扰的行为人的公司、单位等可以预防、调查和处理性骚扰行为的企事业组织。现如今大多数的性骚扰行为都发生在职场或上下级之间，用人单位对预防、制止和处理性骚扰行为具有天然义务，用人单位应建立预防、制止、投诉、调查和处理一体化的联合机制，有效防止性骚扰行为的发生，保障女性的切身权益。用人单位接到投诉之后，应当积极展开调查等工作，尽快查清事实真相，以防止性骚扰行为危害结果的扩大。确保投诉渠道的畅通，在接受投诉后不得推诿、拖延或压制。与此同时，应当做好投诉的保密工作。用人单位也应当建立措施防止投诉人所可能遭受的报复行为。调查中，应当保持中立的立场，避免信息的泄露，妥善保护当事人的隐私。经过调查发现确有性骚扰行为的，用人单位应当在内部进行处理，包括警告、降职、调离、停职停薪或者开除等，并书面告知处理结果。此处的国家机关一般是指妇女在受到侵害时所能提供救济的国家机关，例如人力资源社会保障局等。在受到性骚扰后，妇女不仅可以通过有关单位进行维权，也可向人力资源社会保障局等国家机关投诉处理性骚扰，保障自己的身心权益。

三、受害妇女向公安或法院寻求救济的权利

受害妇女可以到案发地的派出所报案，接受警察的询问，配合做好有关工作。受害妇女要明确提出自己的具体要求，以便公安机关依法对违反《治安管理处罚法》的行为人进行处罚。受害妇女也可以直接到案发地或对方所在地的基层人民法院起诉，按照《民事诉讼法》的有关规定，提出自己的诉讼请求，由法院作出判决。

第二十七条　学校应当加强男女平等教育。

学校应当根据女学生的年龄阶段，进行生理卫生、心理健康和自我保护教育，在教育、管理、设施等方面采取措施，提高其自我保护意识和能力。

学校应当建立有效预防和科学处置性侵害、性骚扰的工作制度。对性侵害、性骚扰女学生的违法犯罪行为，学校不得隐瞒，应当及时通知受害未成年女学生的父母或者其他监护人，依法报告并配合有关部门处理。

学校应当建立受害学生保护制度。对遭受性侵害、性骚扰的女学生，学校、公安机关、教育行政部门等相关单位和人员应当保护其隐私和个人信息，并提供必要的保护措施。

密切接触未成年人的单位招聘工作人员时，应当按照法律规定查询应聘者是否具有性侵害等违法犯罪记录；发现其具有前述行为记录的，不得录用。

［释义］ 本条是关于学校预防女学生遭受性骚扰的规定。

本条依据《妇女权益保障法》第二十四条制定。原《妇女权益保障法》第十七条规定，“学校应当根据女性青少年的特点，在教育、管理、设施等方面采取措施，保障女性青少年身心健康发展”。新《妇女权益保障法》在原有条文的基础上，增加了根据年龄不同对女学生从生理卫生、心理健康和自我保护方面进行教育，有针对性地就防范性骚扰、性侵害方面提高女学生的自我保护意识和能力。与此同时，新增两款内容，即学校建立预防和处置性骚扰、性侵害的工作制度和对受害女学生的隐私和个人信息的保护措施。《条例》不仅吸收了《妇女权益保障法》的有关内容，还对未成年人的人身侵害预防作了创设性规定，增加了从业禁止制度，防止性侵害、性骚扰事件的发生。

一、采取措施提高学生自我保护意识和能力

学校是防治性侵害、性骚扰的重要场所，在校女学生的性意识相对薄弱，其受到性骚扰、性侵害之后往往不知道性侵害和性骚扰行为的性质，或者迫于老师或者学生的恐吓、威迫而忍气吞声，难以使责任人得到应有惩罚。在保护学生身心健康方面，学校负有不可替代的责任。《未成年人保护法》第六条规定，“国家、社会、学校和家庭应当教育和帮助未成年人维护自身合法权益，增强自我保护的意识和能力”。第四十条规定，“学校、幼儿园应当对未成年人开展适合其年龄的性教育，提高未成年人防范性侵害、性骚扰的自我保护意识和能力。对遭受性侵害、性骚扰的未成年人，学校、幼儿园应当及时采取相关的保护措施”。学校应根据女学生所处年龄阶段的不同而进行有针对性的生理卫生心理健康和自我保护教育，并采取相应的措施，使女学生正确、全面地掌握生理和心理知识，提高辨别性侵害、性骚扰的自我保护能力，增强自我保护意识并有效地预防性侵害、性骚扰的发生。

二、性侵害、性骚扰的防范与处置

该条款明确规定了学校有预防和制止性骚扰的义务。一是负有建立预防和处置性侵害、性骚扰的工作制度的义务。二是对性侵害、性骚扰的违法犯罪行为负有及时报告义务。三是负有配合相关部门依法处理的义务。四是负有通知父母或者其他监护人的义务。

《未成年人保护法》第四十条规定，“学校、幼儿园应当建立预防性侵害、性骚扰未成年人工作制度。对性侵害、性骚扰未成年人等违法犯罪行为，学校、幼儿园不得隐瞒，应当及时向公安机关、教育行政部门报告，并配合相关部门依法处理”。促使学校建立健全完备的预防性侵害、性骚扰的工作制度，有利于为学生建立一个良好的学习环境，保障他们正常的学习生活。

三、受害学生的保护

本条款明确相关单位和人员对遭受性侵害、性骚扰的女学生均具有保护其隐私和个人信息的义务，与此同时应当提供必要、及时的保护措施。此条款主要是对受害女学生的事后保护措施。此条款与社会现实紧密结合，特别是当前我国处于大数据时代，个人信息权益极易被侵犯，因此对遭遇到性侵害、性骚扰的女生的信息更不能泄露，以防其遭受二次伤害。《个人信息保护法》第二条规定，“自然人的个人信息受法律保护，任何组织、个人不得侵害自然人的个人信息权益”。

当女学生遭受性侵害、性骚扰后，其身体、思想、心理等会受到伤害或承受压力，学校、公安机关、教育行政部门等相关单位和人员应对其采取保护措施。《未成年人保护法》明确了相应国家机关和单位的具体保护措施。《未成年人保护法》第一百一十一条规定，“公安机关、人民检察院、人民法院应当与其他有关政府部门、人民团体、社会组织互相配合,对遭受性侵害或者暴力伤害的未成年被害人及其家庭实施必要的心理干预、经济救助、法律援助、转学安置等保护措施”。第一百一十二条规定,“公安机关、人民检察院、人民法院办理未成年人遭受性侵害或者暴力伤害案件,在询问未成年被害人、证人时,应当采取同步录音录像等措施,尽量一次完成;未成年被害人、证人是女性的,应当由女性工作人员进行”。以上针对受性侵害、性骚扰的女学生的保护措施有利于消除其心理障碍,为其回归正常的社会生活和个人成长提供基础。

四、涉性侵害违法犯罪人员的从业限制

2019 年,本市 16 家单位会签并出台了《关于建立涉性侵害违法犯罪人员从业限制制度的意见》,该意见指出本市教育、医疗、训练、救助等与未成年人密切接触行业开展入职审查时,将对拟录用人员是否存在性侵害违法犯罪记录情况进行强制查询,一旦发现有相关记录,将不予录用。这也是全国首个省级涉性侵害违法犯罪人员从业限制制度。实施过性侵害的人员很有可能再次作案,为保障未成年人的身心健康,密切接触未成年人的单位在招聘时应查询其是否有性侵害前科,如有前科不得录用。

《未成年人保护法》第十三条规定:“国家建立健全未成年人统计调查制度,开展未成年人健康、受教育等状况的统计、调查和分析,发布未成年人保护的有关信息。”学校等密切接触未成年人的用人单位可根据此统计调查制度向公安机关查询被招聘人员是否有犯罪前科。《未成年人保护法》第六十二条规定:“密切接触未成年人的单位招聘工作人员时,应当向公安机关、人民检察院查询应聘者是否具有性侵害、虐待、拐卖、暴力伤害等违法犯罪记录;发现其具有前述行为记录的,不得录用。”《未成年人保护法》的保护范围限定于未成年人,这对于女性来说是远远不够的,大学等高等院校发生性骚扰、性侵害的事件同样很多,如若高等院校不实行针对性侵害、性骚扰的从业禁止制度,女性的安全同样得不到保障。《妇女权益保障法》以及《条例》扩展了对妇女的保护范围,不仅对未成年女学生进行保护,对已成年的女学生也进行了保护。

此外,对工作人员的界定上,最高人民法院、最高人民检察院、教育部《关于落实从业禁止制度的意见》作出了明确规定。该意见第九条规定,“本意见所称教职员工,是指在学校、幼儿园等教育机构工作的教师、教育教学辅助人员、行政人员、勤杂人员、安保人员,以及校外培训机构的相关工作人员。学校、幼儿园等教育机构、校外培训机构的举办者、实际控制人犯罪,参照本意见执行”。

第二十八条 **用人单位应当依法采取措施,制定禁止性骚扰的规章制度,把预防和制止性骚扰纳入教育培训的内容,加强安全保卫和管理等工作,预防和制止对妇女的性骚扰。**

用人单位应当畅通投诉渠道，建立和完善调查处置程序，保护受侵害妇女。

[释义] 本条是关于用人单位采取措施预防和制止对妇女的性骚扰的具体规定。

本条依据《妇女权益保障法》第二十五条制定。本条明确了用人单位关于预防和制止对妇女的性骚扰应当承担相应义务，它是本章关于保护妇女的人身和人格权益的亮点之一。《民法典》第一千零一十条第二款规定："机关、企业、学校等单位应当采取合理的预防、受理投诉、调查处置等措施，防止和制止利用职权、从属关系等实施性骚扰。"《民法典》第一千零一十条第二款规定明确规定了机关、企业、学校等单位负有预防性骚扰义务，该款中之所以列举了上述几种类型的单位，主要是因为：一方面，这些单位属于较为特殊的场所，受关注程度比较高，一旦发生性骚扰行为，将会给受害人造成严重的损害，并产生恶劣的社会影响。另一方面，在机关、企业、学校等特殊场所，需要强化对特定人员的保护。明确要求机关、企业、学校等单位应当采取合理的预防等措施，有利于保护被用工者以及学生的合法权益，也有助于预防性骚扰的发生，实现对性骚扰的社会多层次综合治理。

一、关于预防和制止性骚扰的措施

用人单位一是应当制定或完善管理制度，提倡健康向上的企业文化，明确禁止性骚扰行为。用人单位应当发布禁止性骚扰的书面声明,以明确禁止工作场所内任何形态的性骚扰,并应将相应的规章制度印发给员工。此外,目前许多用人单位逐步采取开放式办公的方式,既可以提升办公空间的利用效率,又可以有效预防可能发生的性骚扰等行为。二是教育培训。教育培训对预防和制止性骚扰具有重要作用。用人单位可定期开展有关预防和制止性骚扰的教育活动,宣传尊重女性尊严,严禁各种形式的性骚扰行为。明确性骚扰的具体表现形式,使单位成员知道一些“过分的玩笑”可能已构成性骚扰,并组织单位成员学习有关性骚扰的法律知识,提高单位成员的法律意识和水平。三是安全保卫。仅仅依靠制度建设和教育培训并不能杜绝性骚扰事件的发生,用人单位要采取必要的安全保卫措施,对实施性骚扰的人员进行控制,并配合有关部门作出处理。

《条例》对预防和制止性骚扰的措施进行了概括性规定,依据《妇女权益保障法》用人单位应当采取八种措施预防和制止对妇女的性骚扰。前七种采用列举的方式:第一,制定禁止性骚扰的规章制度;第二,明确负责机构或者人员;第三,开展预防和制止性骚扰的教育培训活动;第四,采取必要的安全保卫措施;第五,设置投诉电话、信箱等,畅通投诉渠道;第六,建立和完善调查处置程序,及时处置纠纷并保护当事人隐私和个人信息;第七,支持、协助受害妇女依法维权,必要时为受害妇女提供心理疏导。第八种用“其他合理的预防和制止性骚扰措施”表明除上述七种措施外，其他合理的预防和制止性骚扰措施都可由单位实施。上述八种措施体现了事前防范与事后救济相结合，用人单位应当从制度、措施、人员、程序以及提供心理疏导等方面全方位地给予人文关怀。

二、关于用人单位应当畅通投诉渠道，建立和完善调查处置程序，保护受侵害妇女的规定

《民法典》第一千零一十条第二款规定，“机关、企业、学校等单位应当采取合理的预防、受理投诉、调查处置等措施，防止和制止利用职权、从属关系等实施性骚扰”。用人单位应针对性骚扰行为建立投诉、调查机制。用人单位接到投诉之后，应当积极展开调查等工作，尽快查清事实真相，以防止性骚扰行为危害结果的扩大。首先应当确保投诉渠道的畅通，在接受投诉后不得推诿、拖延或压制。与此同时，应当做好投诉的保密工作。用人单位也应当建立措施防止投诉所可能遭受的报复行为。调查中，应当保持中立的立场，尽可能避免信息的泄露，妥善保护当事人的隐私。如果发生性骚扰，用人单位应当及时处置，这对于今后再次发生类似的性骚扰行为具有一定的威慑作用。如果有员工投诉性骚扰行为，用人单位置之不理，那么其事实上起到了纵容姑息的作用。经过调查发现确有性骚扰行为的，用人单位应当在内部进行处理，包括警告、降职、调离、停职停薪或者开除等。但对诬告行为，也应当考虑给予申诉人一定的处罚。若用人单位不履行上述义务，应当承担相应的法律责任。如果用人单位采取了合理预防、受理投诉、调查处置等一系列措施，但是损害后果仍然发生，根据个案判断用人单位不存在过错，则不承担民事责任；反之用人单位没有采取相应措施加以预防和及时制止，则用人单位对损害的发生是有过错的，应当承担相应的责任。

第二十九条 **地铁、公交、车站、机场、轮渡等人员聚集和流动的公共场所，应当建立对性骚扰的防范和干预机制，对有关单位的投诉处理或者案件调查工作予以配合。**

［释义］ 本条是有关公共场所针对性骚扰建立防范和干预机制的规定。

本条是依据上位法的精神，结合本市实际情况所制定的创设性条款。地铁、公交、车站等大量人员聚集和流动的公共场所日益成为性骚扰的集中发生地。这些公共场所具有人员密集、人员流动性大等特点，不法分子常在这些人员密集场所借助人流挤压、车体颠簸通过肢体碰撞、"咸猪手"实施性骚扰行为。这种性骚扰行为因隐蔽程度高不易被察觉，且妇女如果单独在公共场所遭遇性骚扰，因为担心被报复等常常只能忍气吞声，使得不法分子有恃无恐、更加猖獗，这会对妇女的隐私权等人格权造成巨大的侵害，严重危害妇女的身心健康。为制止这种行为，地铁、公交、车站、机场、轮渡等人员聚集和流动的公共场所的管理者应建立对性骚扰的防范和干预机制，例如在公共场所的各位置尤其是隐秘位置安装摄像头，不留死角，为性骚扰的发现、干预、处理提供支撑。

公共场所接到投诉之后，应当积极配合展开调查等工作，尽快查清事实真相，以防止性骚扰行为危害结果的扩大。确保投诉渠道的畅通，在接受投诉后不得推诿、拖延或压制。与此同时，应当做好投诉的保密工作。

第三十条 文化娱乐场所的经营者，宾馆、旅馆等提供住宿服务的场所经营者，房屋出租人发现场所有卖淫嫖娼或者其他侵害妇女权益的违法犯罪行为，应当及时向公安机关报告。

[释义] 本条是关于特殊场所及时报告义务的规定。

本条依据《妇女权益保障法》第二十六条制定。它是针对妇女在特定场所遭受侵害事件而制定的具体法律规则。文化娱乐场所、宾馆、旅馆以及提供住宿服务的特殊场所是侵害妇女权益行为的高发生地。现实生活中经常出现的情况是，在一些侵害妇女权益的事件发生前经营者明明可以干预、制止，但其却“事不关已，高高挂起”，错失了阻止违法事件发生的机会，以至于造成不能挽回的后果。本条也是本章关于保护妇女的人身和人格权益的亮点之一。《民法典》第一千一百九十八条规定，“宾馆、商场、银行、车站、机场、体育场馆、娱乐场所等经营场所、公共场所的经营者、管理者或者群众性活动的组织者，未尽到安全保障义务，造成他人损害的，应当承担侵权责任”。《妇女权益保障法》第八十一条规定，违反本法第二十六条规定，未履行报告等义务的，依法给予警告、责令停业整顿或者吊销营业执照、吊销相关许可证，并处一万元以上五万元以下罚款。将特殊场所的经营者的报告义务纳入法律，将有效提升经营者的责任感，减少侵害妇女权益行为的发生。

一、关于义务报告人

本条明确了文化娱乐场所的经营者，宾馆、旅馆等提供住宿服务的场所经营者，以及房屋出租人的及时报告义务。2022年修订的《娱乐场所管理办法》规定，“娱乐场所，是指以营利为目的，向公众开放、消费者自娱自乐的歌舞、游艺等场所。歌舞娱乐场所是指提供伴奏音乐、歌曲点播服务或者提供舞蹈音乐、跳舞场地服务的经营场所；游艺娱乐场所是指通过游戏游艺设备提供游戏游艺服务的经营场所”。娱乐场所人员密集，加上具有私密性，不法分子极容易在这类场所对妇女实施不法行为。宾馆、旅馆等提供住宿服务的场所也是侵害妇女事件经常发生的地方。不法分子想进一步侵害妇女往往会去酒店、宾馆等地方，此时酒店和宾馆就有报告的义务，如若发现当事人双方不认识或不相熟，或女性已失去意志，应拒绝办理住宿业务，并通知相关部门，防止卖淫嫖娼或者其他侵害妇女权益事件的发生。除文化娱乐场所和酒店宾馆，出租房也是侵害妇女行为的高发生地。不法分子可利用出租房进行卖淫嫖娼活动,还可引诱妇女对其进行侵害。出租房房东应有报告义务,发现、怀疑场所有卖淫嫖娼或者其他侵害妇女权益的违法犯罪行为,应当及时向公安机关报告。

二、关于卖淫嫖娼或者其他侵害妇女权益的违法犯罪行为

其他侵害妇女权益的行为主要有:(1)组织、强迫妇女卖淫等侵害妇女性自主权的行为。组织妇女卖淫是指通过纠集、控制妇女进行卖淫,或者以雇用、招募、容留等手段,组织、诱骗妇女卖淫,从中牟利的行为。强迫妇女卖淫是指采取暴力、威胁或者其他手段,违背妇女意愿迫使妇女进行卖淫的行为。此外还有引诱、容留、介绍妇女卖淫或者对妇女进行猥亵等侵害妇女权益的违法犯罪行为。(2)故意伤害、故意杀人等侵害妇女生命权、健康权的行为。犯罪分子一般会选择具有一定私密性的特殊场所实施伤害或杀害妇女的行为,如宾馆、旅馆以及住宿服务等特殊场所。(3)非法拘禁等限制女性人身自由的行为。非法拘禁是指以拘押、禁闭或者其他强制方法,非法剥夺他人人身自由的行为。犯罪分子极有可能利用上述场所的隐蔽性、私密性实施非法拘禁行为,并进行进一步侵害。(4)其他行为。以上行为可单独也可组合。

三、关于及时报告义务

及时报告义务是安全保障义务的延伸。安全保障义务是指宾馆、商场、银行、车站、机场、体育场馆、娱乐场所等经营场所、公共场所的经营者、管理者或者群众性活动的组织者对于进入此等经营场所、公共场所的人员以及活动参与者(被组织者)所承担的保障其人身安全、财产安全的义务。安全保障义务是一项作为义务,即安全保障义务人必须积极作为,保障公众的人身安全和财产安全。经营场所、公共场所的经营者、管理者和群众活动的组织者应当采取有效措施防范和制止第三人对消费者、活动参与人实施侵害,若发现场所有卖淫嫖娼或者其他侵害妇女权益的违法犯罪行为,应该及时向公安机关报案并配合完成工作。《旅馆业治安管理办法》第九条规定,“旅馆工作人员发现违法犯罪分子,行迹可疑的人员和被公安机关通缉的罪犯,应当立即向当地公安机关报告,不得知情不报或隐瞒包庇”。

第三十一条 本市建立健全妇女全生命周期健康服务体系,保障妇女享有基本医疗卫生服务,开展妇女常见病、多发病的预防、筛查和诊疗,提高妇女健康水平。

本市开展青春期、更年期、老年期以及经期、孕期、产期、哺乳期的健康知识普及、卫生保健和疾病防治,有关部门、群团组织等应当为有需要的妇女提供生理健康指导、心理健康服务,保障妇女特殊生理时期的健康需求。

[释义] 本条是关于国家保障妇女健康的规定。

本条依据《妇女权益保障法》第三十条制定。该条规定,“国家建立健全妇女健康服务体系,保障妇女享有基本医疗卫生服务,开展妇女常见病、多发病的预防、筛查和诊疗,提高妇女健康水平。国家采取必要措施,开展经期、孕期、产期、哺乳期和更年期的健康知识普及、卫生保健和疾病防治,保障妇女特殊生理时期的健康需求,为有需要的妇女提供心理健康服务支持”。同时也结合本市妇女权益保障工作实际,进一步落实国家立法,并拓展了妇女相关权益的范畴。

一、关于本市建立健全妇女全生命周期健康服务体系

《中国妇女发展纲要(2021—2030 年)》中指出,“完善保障妇女健康的制度机制。全面推进健康中国建设,把保障人民健康放在优先发展的战略位置,坚持预防为主,深入实施‘健康中国行动’和‘健康中国母亲行动’,健全政府主导、部门协同、社会参与、行业监管、科技支撑的妇女健康保障工作机制。深入推进医疗、医保、医药联动改革,统筹改革监管体制,保障妇女获得高质量、有效率、可负担的医疗和保健服务。多渠道支持妇女健康事业发展。完善公共卫生应急管理体系,关注妇女的特殊需求”。明确国家采取具体措施保障妇女的身体健康和心理健康。除《中国妇女发展纲要(2021—2030 年)》外,本市也将建立健全妇女全生命周期健康服务体系纳入《上海市卫生健康发展“十四五”规划》,该规划指出,“实施母婴安全行动计划,强化母婴安全救治体系,进一步完善危重孕产妇、新生儿会诊抢救网络。……优化落实妇女‘两病’筛查项目，加强更年期、老年期妇女健康管理服务”。

《条例》明确提出本市有建立健全妇女健康服务体系、保障妇女享有基本医疗卫生服务的职责。相关部门应当积极地开展妇女常见病、多发病的预防、筛查和诊疗，提高妇女的健康水平。《条例》明确提出本市建立健全妇女健康服务体系具有两个方面的意义：一是明确建设目标。落实《中国妇女发展纲要（2021—2030年）》《上海市卫生健康发展“十四五”规划》中的保障妇女全生命周期健康的制度机制，保障本市妇女享有基本医疗卫生服务，开展妇女常见病、多发病的预防、筛查和诊疗，提高妇女健康水平。二是对政府保障职能的强调和宣示。即通过立法进一步强化和发挥好政府及职能部门、司法机关、群团组织等在保护妇女人身和人格权益方面的职责，建立各种体制和机制，推进各部门合力保障妇女权益。

二、关于特殊生理时期的妇女身体、心理健康需求

《中国妇女发展纲要（2021—2030年）》中指出，“促进妇女心理健康。加强心理健康相关知识宣传，根据妇女需要开展心理咨询、评估和指导，促进妇女掌握基本的心理调适方法，预防抑郁、焦虑等心理问题。在心理健康和精神卫生服务体系建设中，重点关注青春期、孕产期、更年期和老年期妇女的心理健康。强化心理咨询和治疗技术在妇女保健和疾病防治中的应用。加大应用型心理健康和

社会工作人员培养力度，促进医疗机构、心理健康和社会工作服务机构提供规范服务。鼓励社区为有需要的妇女提供心理健康服务支持”。

本条款强调凸显女性性别的特殊性，根据妇女在不同的特殊时期如经期、孕期、产期、哺乳期以及更年期的特殊需要，做好各个时期的健康知识普及、卫生保健和疾病防治工作。与此同时，本市应当积极、主动地为有需要的妇女提供心理健康服务支持。本条款从本市保障妇女身心健康的视角作出具体规定，是对妇女的人文关怀，也是实现男女实质平等的具体举措，更是社会主义法治社会建设不可或缺的重要环节之一。

第三十二条 用人单位应当定期为女职工安排妇科疾病、乳腺疾病检查以及妇女特殊需要的其他健康检查。鼓励有条件的单位增加检查次数和检查项目。

市、区人民政府应当至少每两年安排退休妇女和生活困难的妇女进行一次妇科疾病、乳腺疾病的筛查，并可以视情增加筛查项目。

鼓励群团组织、企业事业单位为生活困难的妇女进行妇科疾病、乳腺疾病的筛查提供帮助。

本市鼓励适龄女性接种宫颈癌疫苗，推动为适龄女性未成年人按照有关规定接种宫颈癌疫苗。具体办法由市卫生健康、财政等相关部门制定。

［释义］ 本条是有关妇女健康检查和保障的规定。

一、单位女职工的两病筛查及健康检查

本条是依据上位法的精神，结合本市实际情况所制定的创设性条款。《条例》不仅规定了用人单位应当定期为女职工安排健康检查，还鼓励有条件的单位增加检查次数和检查项目，使妇女权益得到更高程度的保障。

我国法律对用人单位对职工的健康检查义务早有规定。《基本医疗卫生与健康促进法》第七十九条规定："用人单位应当为职工创造有益于健康的环境和条件，严格执行劳动安全卫生等相关规定，积极组织职工开展健身活动，保护职工健康。国家鼓励用人单位开展职工健康指导工作。国家提倡用人单位为职工定期开展健康检查。法律、法规对健康检查有规定的，依照其规定。"《劳动法》第五十四条规定："用人单位必须为劳动者提供符合国家规定的劳动安全卫生条件和必要的劳动防护用品，对从事有职业危害作业的劳动者应当定期进行健康检查。"《妇女权益保障法》及《条例》对女性接受健康检查的权利进行了规定，并明确了健康检查的项目，切实保障了妇女的健康权益。

妇女健康检查对妇女而言无疑有重要的作用，定期进行健康检查可以知晓自己的身体健康状况，及时发现疾病并接受治疗。现实生活中，女性常因各种原因不能定期进行健康检查，长时间未进行健康检查的女性很有可能会错过疾病的最佳治疗时期。《条例》强调用人单位负有为女

职工安排健康检查的义务,减少妇女进行健康体检时没有时间、检查费用等多重顾虑,切实保障妇女接受健康检查的权益。此外,针对一些企业只为女性员工安排一次体检敷衍了事,本条规定对一些有条件的单位可以增加体检项目和体检次数,缩短健康体检间隔,这样更容易发现早期病状,以免贻误最佳治疗时期。

二、退休妇女和生活困难妇女的两病筛查

对于有工作的女性,企事业组织可保障其基本健康体检服务,而其他退休的或者生活困难的女性本身经济收入薄弱,可能只能勉强维持自己的生存,健康体检对于她们无疑是一项耗费可观的支出,由于生活所迫,她们并不会进行健康体检,因而无法保障自己的健康权益。为此,人民政府应负担起退休和生活困难女性的健康体检服务。

《妇女权益保障法》第三十一条规定:“县级以上地方人民政府应当设立妇幼保健机构,为妇女提供保健以及常见病防治服务。”《条例》规定:“市、区人民政府应当至少每两年安排退休妇女和生活困难的妇女进行一次妇科疾病、乳腺疾病的筛查,并可以视情增加筛查项目。”退休的妇女一般年龄都较高,身体老化速度快,需要定期检查,以尽早发现疾病并及时治疗。生活困难的女性常因为身体过度劳累、长期营养不足、生活环境恶劣等因素身患多种疾病。对这些妇女,人民政府应当关注她们的健康需求,根据人群特点进行定制化的健康检查服务,保障其健康权益。

三、鼓励社会对困难妇女的两病筛查提供帮助

《妇女权益保障法》第三十一条规定:“国家鼓励和支持社会力量通过依法捐赠、资助或者提供志愿服务等方式,参与妇女卫生健康事业,提供安全的生理健康用品或者服务,满足妇女多样化、差异化的健康需求。”政府为生活困难的女性提供健康体检服务保障是兜底性的,只能保证最基本的健康体检服务。政府鼓励社会力量的介入,为女性提供更多次数和更多项目的健康体检服务,为妇女的健康提供社会力量的支持。社会是一个集体,社会中的企事业组织从社会中获利,也有对社会的支持义务。社会中的企事业组织有多种形式,可以通过公益等方式,组织困难女性进行健康体检服务,也可以向贫困地区捐赠医疗器械,保障这些地区困难女性的健康体检服务。除了社会中的企业对困难女性的健康体检服务进行保障外,一些社会组织、公益机构例如红十字会更应加强对困难女性的健康体检服务,保障她们的基本权益。创造有利条件保证妇女权益的正常行使。

四、推进宫颈癌疫苗的接种

宫颈癌是最常见的一种妇科恶性肿瘤,对女性的生命健康造成了巨大威胁,但宫颈癌也是一种可预防的癌症。宫颈癌疫苗又称 HPV 疫苗,对宫颈癌有着极佳的预防作用。妇女可通过接种宫颈癌疫苗降低宫颈癌的发生概率,宫颈癌疫苗对成年女性与未成年女性皆有效用。《妇女权

益保障法》第三十一条规定："县级以上地方人民政府应当设立妇幼保健机构，为妇女提供保健以及常见病防治服务。"此处的常见病防治服务就应该包括宫颈癌疫苗的接种，但该条未明确宫颈癌疫苗的相关工作由谁处理。《条例》的规定明确了市卫生健康部门和财政部门承办关于宫颈癌疫苗的相关工作。卫生健康部门应提出相应的方案，宣传接种宫颈癌疫苗工作，财政部门要做好宫颈癌疫苗工作的资金支持。除此之外其他部门也应在自己的领域内做好宫颈癌疫苗接种工作。

目前，宫颈癌疫苗并没有被纳入国家免疫规划疫苗，依据《中华人民共和国疫苗管理法》第三十二条第二款规定："国家免疫规划疫苗以外的其他免疫规划疫苗、非免疫规划疫苗由各省、自治区、直辖市通过省级公共资源交易平台组织采购。"对此，本市应做好宫颈癌疫苗的采购工作，并在条件成熟时出台宫颈癌疫苗接种相应政策，不断提高适龄女性未成年人宫颈癌疫苗接种率。

第三十三条 **有关部门支持、鼓励保险公司开展妇女健康商业保险业务，提高健康保障水平。**

［释义］ 本条是有关开展妇女商业保险业务的规定。

本条是依据上位法的精神，结合本市实际情况所制定的创设性条款。商业保险是指投保人自愿与商业保险公司缔结的有关保险事宜的合同关系。商业保险在我国具有重大的社会保障作用。社会保险是为丧失劳动能力、暂时失去劳动岗位或因健康原因遭受损失的人提供收入或补偿的一种社会、经济制度。社会保险对公民提供的是基本生活保障，并不是对公民的完全保障。社会保险中的医疗险对医疗费用的报销是有限制的，不仅有起付线，还有封顶线，对符合报销条件的也不是100%报销，报销限额有限制。对于不能报销的部分，商业保险就发挥了巨大作用。商业保险具有灵活性、定制程度高的特点，公民可以根据自己的需求选择不同的商业保险产品，以满足自己的需要。商业保险的医疗险，主要对社会医疗保险中不能报销的部分进行报销，作为社保的补充保障。商业性保险与社会保险，谁也代替不了谁，两者必须相互补充，才能发挥全面的保障功能。

中国银保监会、发展改革委、教育部等《关于促进社会服务领域商业保险发展的意见》指出：商业保险在社会服务保障、医疗救助等方面发挥了重要作用，同时也存在支撑作用不够充分、保障功能和资金支持力度有待提升等问题。为此国务院发布意见通知要求相关部门支持、开展商业保险服务促进工作。第一条指出："鼓励商业保险机构适应消费者需求，提供包括医疗、疾病、康复、照护、生育等多领域的综合性健康保险产品和服务。"第四条指出："创新完善健康促进、疾病预防、慢病管理、妇幼保健等健康类服务，推动健康保险与健康管理融合发展。"第九条指出："引导商业保险机构大力发展教育、育幼、家政、文化、旅游、体育等领域商业保险，包括面向旅游、体育等特定场所和设施的公众责任保险、财产损失保险，以及针对婴幼儿托育、家政服务、体育运动等特定人群的责任保险、人身保险等，开发专属保险产品，优化业务流程，改进保险服务，加大保障力度。”从以上条文可以看出，国家要求有关部门支持鼓励保险公司的妇女健康保险业务，以商业保险同社会保险建立一体化、全覆盖妇女的保险义务，加大对妇女的保障力度。

第三十四条 **各级人民政府在规划和建设基础设施、开展城市更新、推进新城等重点区域建设时，应当按照相关规定配建保护妇女隐私、满足妇女需要的公共厕所和母婴室等公共设施。**

［释义］ 本条是关于政府在市政设施规划和建设中保护妇女特殊需要的规定。

本条依据《妇女权益保障法》第三十四条制定，该条规定：“各级人民政府在规划、建设基础设施时，应当考虑妇女的特殊需求，配备满足妇女需要的公共厕所和母婴室等公共设施。”母婴群体具有自身的特殊需求，各级人民政府在诸如公共厕所、母婴室等公共设施的规划建设上应当给予母婴群体特殊关怀，这样才能实现法律上的实质公平。本条规定是对男女两性生理上的根本差异以及婴儿的特殊需要作出的客观、积极的法律回应，既是社会文明进步的法律体现，也是我国人文关怀的法律展现。国家卫生计生委、国家发展改革委、住房城乡建设部等《关于加快推进母婴设施建设的指导意见》规定,“综合考虑公共场所面积人流量、母婴逗留情况和用人单位孕期、哺乳期女职工人数等因素,建设和完善母婴设施”,“经常有母婴逗留且建筑面积超过1万平方米或日客流量超过1万人的交通枢纽、商业中心、医院、旅游景区及游览娱乐等公共场所,应当建立使用面积一般不少于10平方米的独立母婴室,并配备基本设施。对已建成的母婴室要做好改造完善工作。用人单位参照该标准建设女职工休息哺乳室等设施。火车等移动空间,应按要求配置母婴设施或提供便利服务。统一母婴设施标识,设置醒目的导向标志。鼓励各地因地制宜设置母婴候乘厅(区)、母婴专座等。在乘车、登机和检票口针对孕期、哺乳期妇女,以及携带婴幼儿的乘客提供绿色服务通道或便利服务”。此外,《女职工劳动保护特别规定》第十条规定:“女职工比较多的用人单位应当根据女职工的需要,建立女职工卫生室、孕妇休息室、哺乳室等设施,妥善解决女职工在生理卫生、哺乳方面的困难。”

第四章　文化教育权益

第三十五条　本市保障妇女享有与男子平等的文化教育权利。

[释义]　本条是关于男女平等享有文化教育权利的规定。

本条依据《妇女权益保障法》第三十五条制定。教育不仅是妇女应该平等享有的基本权利，也是妇女发展的基石。《中国妇女发展纲要(2021—2030年)》指出，妇女平等享有受教育权利，素质能力应持续提高。

一、文化教育权利

文化教育权利，是指公民在文化和教育领域依法享有的从事各类文化活动权利和接受教育权利的统称。公民的文化教育权利属于公民的积极受益权，即公民可以积极主动地向国家提出请求，国家也应积极予以保障的权利。

一是关于文化权。《中华人民共和国宪法》第四十七条规定，“中华人民共和国公民有进行科学研究、文学艺术创作和其他文化活动的自由。国家对于从事教育、科学、技术、文学、艺术和其他文化事业的公民的有益于人民的创造性工作，给以鼓励和帮助”。第二十二条第一款规定，“国家发展为人民服务、为社会主义服务的文学艺术事业、新闻广播电视事业、出版发行事业、图书馆博物馆文化馆和其他文化事业，开展群众性的文化活动”。

二是关于教育权。《中华人民共和国宪法》第四十六条第一款规定，“中华人民共和国公民有受教育的权利和义务”。第十九条第一款至第四款规定，“国家发展社会主义的教育事业，提高全国人民的科学文化水平。国家举办各种学校，普及初等义务教育，发展中等教育、职业教育和高等教育，并且发展学前教育。国家发展各种教育设施，扫除文盲,对工人、农民、国家工作人员和其他劳动者进行政治、文化、科学、技术、业务的教育,鼓励自学成才。国家鼓励集体经济组织、国家企业事业组织和其他社会力量依照法律规定举办各种教育事业”。

除了宪法的规定外,我国参加的一些国际公约也对文化教育权利作了规定。例如,《经济、社会及文化权利国际公约》提出,男子和妇女在本公约所载一切经济、社会及文化权利方面有平等的权利。人人有受教育的权利。

二、妇女享有平等文化教育权利的意义

妇女享有平等的文化教育权利主要体现在以下几个方面:一是适龄女性未成年人有接受义务教育的权利,政府、学校应当解决其就学实际困难,保证其完成义务教育;二是妇女在入学、升学、授予学位、派出留学、就业指导和服务等方面享有与男子平等的权利;三是扫除妇女文盲、半文盲;四是妇女有接受终身教育、职业教育和实用技术培训的权利;五是妇女从事科学、技术、文学、艺术和其他文化活动,享有与男子平等的权利。

女性接受文化教育,无论是对女性自身,还是对社会、对国家都具有重要意义。一是女性接受文化教育有利于实现个人价值。女性接受了教育,有利于提高自己的经济地位和社会地位,体现自己的人生价值和社会价值。二是女性接受文化教育有利于促进社会的平等和谐。女性接受教育,享有和男性平等发展的机会,关系到整个家庭的兴旺幸福，建设和谐社会的目标才能真正实现。

第三十六条 父母或者其他监护人应当履行保障适龄女性未成年人接受并完成义务教育的义务。

对无正当理由不送适龄女性未成年人入学的父母或者其他监护人，由当地乡镇人民政府或者区教育行政部门给予批评教育，依法责令其限期改正。居民委员会、村民委员会应当协助做好相关工作。

政府、学校应当采取有效措施，解决适龄女性未成年人就学存在的实际困难，并创造条件，保证适龄女性未成年人完成义务教育。

［释义］ 本条是关于保障适龄女性未成年人接受并完成义务教育的规定。

本条依据《妇女权益保障法》第三十六条制定。《中国妇女发展纲要（2021—2030 年）》指出，女童应平等接受义务教育。为此，应健全精准控辍保学长效机制，加强分类指导，督促法定监护人依法保障女童接受义务教育，切实解决义务教育女童失学辍学问题。

一、监护人保障适龄女性未成年人接受并完成义务教育的义务

本条第一款明确了监护人应当履行保障适龄女性未成年人接受并完成义务教育的义务。《宪法》第四十六条规定，“中华人民共和国公民有受教育的权利和义务。国家培养青年、少年、儿童在品德、智力、体质等方面全面发

展”。《教育法》第十九条第三款规定，“适龄儿童、少年的父母或者其他监护人以及有关社会组织和个人有义务使适龄儿童、少年接受并完成规定年限的义务教育”。义务教育是所有教育的基础，是公民追求幸福生活的基石，公民接受义务教育，既是公民的基本权利，也是国家的基本义务。但是，由于传统重男轻女观念的影响，女童受教育权往往被忽视，女童辍学现象频繁发生，因此本款强调父母或者其他监护人对适龄女性未成年人义务教育的保障。《民法典》第二十七条规定：“父母是未成年子女的监护人。未成年人的父母已经死亡或者没有监护能力的，由下列有监护能力的人按顺序担任监护人：(一)祖父母、外祖父母；(二)兄、姐；(三)其他愿意担任监护人的个人或者组织，但是须经未成年人住所地的居民委员会、村民委员会或者民政部门同意。”明确了其他监护人的范围。

二、基层政府机构和组织保障适龄女性未成年人接受并完成义务教育的义务

本条第二款中“对无正当理由不送适龄女性未成年人入学的父母或者其他监护人，由当地乡镇人民政府或者区教育行政部门给予批评教育，依法责令其限期改正”明确了乡镇人民政府及区教育行政部门的监督义务。《义务教育法》第五十八条规定：“适龄儿童、少年的父母或者其他法定监护人无正当理由未依照本法规定送适龄儿童、少年入学接受义务教育的，由当地乡镇人民政府或者县级人民政府教育行政部门给予批评教育,责令限期改正。”本款依据上海市行政区划,明确了监督主体为乡镇人民政府以及区教育行政部门。

本条第二款中“居民委员会、村民委员会应当协助做好相关工作”明确了村居委的协助职责。村居委是基层群众自治组织,《城市居民委员会组织法》第二条第一款规定,“居民委员会是居民自我管理、自我教育、自我服务的基层群众性自治组织”,而《村民委员会组织法》第二条第一款规定,“村民委员会是村民自我管理、自我教育、自我服务的基层群众性自治组织”。《义务教育法》第十三条第二款规定,“居民委员会和村民委员会协助政府做好工作,督促适龄儿童、少年入学”。《城市居民委员会组织法》第三条规定,居民委员会的任务之一是协助人民政府或者它的派出机关做好与居民利益有关的公共卫生、计划生育、优抚救济、青少年教育等项工作。《村民委员会组织法》第五条第二款规定,“村民委员会协助乡、民族乡、镇的人民政府开展工作”。本款是对村居委协助工作的具体化,强调对适龄女性未成年人教育工作的协作。

三、各级人民政府和学校采取措施保证适龄女性未成年人接受并完成义务教育

本条第三款明确了各级人民政府和学校要采取措施保证适龄女性未成年人完成义务教育。《教育法》第十九条第二款规定,“各级人民政府采取各种措施保障适龄儿

童、少年就学”。《义务教育法》第十三条规定，“县级人民政府教育行政部门和乡镇人民政府组织和督促适龄儿童、少年入学，帮助解决适龄儿童、少年接受义务教育的困难，采取措施防止适龄儿童、少年辍学”。本款要求各级人民政府和学校采取措施，解决实际困难，创造条件保障适龄女性未成年人就学。具体措施可以参照《教育法》第三十八条“国家、社会对符合入学条件、家庭经济困难的儿童、少年、青年，提供各种形式的资助”、第五十条第三款“学校、教师可以对学生家长提供家庭教育指导”。

第三十七条 学校和有关部门应当执行国家有关规定，保障妇女在入学、升学、授予学位、派出留学、就业指导和服务等方面享有与男子平等的权利。

学校在录取学生时，除国家规定的特殊专业外，不得以性别为由拒绝录取女性或者提高对女性的录取标准。

［释义］ 本条是关于妇女平等的受教育权的规定。

本条依据《妇女权益保障法》第三十七条制定。《中国妇女发展纲要(2021—2030年)》指出，教育工作全面贯彻男女平等基本国策，女童平等接受义务教育，女性平等接受高中阶段教育，女性接受职业教育的水平逐步提高，高校在校生中男女比例保持平衡。

一、保障妇女入学和升学、就业指导和服务等方面的平等权利

本条第一款明确了妇女平等享有接受教育的权利。

《教育法》第三十七条规定:“受教育者在入学、升学、就业等方面依法享有平等权利。学校和有关行政部门应当按照国家有关规定,保障女子在入学、升学、就业、授予学位、派出留学等方面享有同男子平等的权利。”入学、升学、授予学位、派出留学、就业指导和服务等方面的男女权利平等是男女文化教育权利平等的重要方面。在入学、升学、授予学位、派出留学、就业指导和服务等方面,适用于男性的条件和标准同样适用于女性,不应当对妇女附加限制条件或擅自提高标准。学校和有关部门要落实有关规定,保障妇女能平等享有教育机会和教育服务。

二、学校不得拒绝录取女性或提高对女性的录取标准

本条第二款明确了妇女平等享有录取机会,并对教育单位的职责进行确认。在文化教育方面对女性进行的歧视,最常见的是在招生入学时对女性的性别歧视,如在高考录取中,针对性别设立不同分数线。中等职业学校在招生方面也存在不同程度的性别歧视。因此,本款对招生录取中妇女享有平等录取机会作出明确规定。需要注意的是,条文规定“除国家规定的特殊专业外”,此处的特殊专业不能由学校自行决定,而必须按一定程序报批后确定。具体而言,允许高校确定男女比例招生的特殊专业,包括三种类型:一是与特定职业要求紧密相关,且职业对男女比例有要求的专业,如军事、国防、公共安全类专业;二是从保护女性的角度，适当限制女性报考，如航海、采矿等专业；三是个别招生数量有限且社会需求有一定的性别均衡要求的专业，包括部分非通用语种专业、播音主持专业等。

第三十八条 本市健全全民终身学习体系，为妇女终身学习创造条件。

本市发展适合女性特点的职业教育事业，开展职业教育、创业和实用技能等培训，提高妇女的劳动技能和就业创业能力。

鼓励用人单位有计划地对女职工进行上岗、在岗、转岗的职业教育和技能等培训。

［释义］ 本条是关于组织妇女接受终身学习、职业教育和实用技能培训的规定。

本条依据《妇女权益保障法》第三十九条制定，结合本市实际情况，回应群众对终身教育的需求，明确发展女性职业教育事业，并鼓励用人单位组织女职工开展教育与培训。

一、健全全民终身学习体系

本条第一款明确了要健全全民终身学习体系。党的十九届四中全会审议通过的《中共中央关于坚持和完善中国特色社会主义制度 推进国家治理体系和治理能力现代化若干重大问题的决定》提出，“构建服务全民终身学习的教育体系。全面贯彻党的教育方针，坚持教育优先发展，聚焦办好人民满意的教育，完善立德树人体制机制，深化教育领域综合改革，加强师德师风建设，培养德智体美劳全面发展的社会主义建设者和接班人。推动城乡义务教育一体化发展，健全学前教育、特殊教育和普及高中阶段教育保障机制，完善职业技术教育、高等教育、继续教育统筹协调发展机制。支持和规范民办教育、合作办学。构建覆盖城乡的家庭教育指导服务体系。发挥网络教育和人工智能优势，创新教育和学习方式，加快发展面向每个人、适合每个人、更加开放灵活的教育体系，建设学习型社会”。《教育法》第十一条第一款规定，“国家适应社会主义市场经济发展和社会进步的需要，推进教育改革，推动各级各类教育协调发展、衔接融通，完善现代国民教育体系，健全终身教育体系，提高教育现代化水平”。《职业教育法》第十四条第一款规定，“国家建立健全适应经济社会发展需要，产教深度融合，职业学校教育和职业培训并重，职业教育与普通教育相互融通，不同层次职业教育有效贯通，服务全民终身学习的现代职业教育体系”。《中国妇女发展纲要(2021—2030年)》指出，要促进女性树立终身学习意识，女性接受终身教育水平不断提高。根据党中央、国务院有关文件精神以及相关法律规定，本款进一步明确了要推进面向广大妇女的终身教育服务，将妇女终身教育纳入市民终身教育体系中。

二、发展女性职业教育事业

本条第二款强调本市发展女性职业教育事业。《中国妇女发展纲要(2021—2030 年)》指出,女性接受职业教育的水平应逐步提高。同时指出,要促进女性人才发展,促进女性劳动者提升职业技能水平。根据《职业教育法》第二条,职业教育是指为了培养高素质技术技能人才,使受教育者具备从事某种职业或者实现职业发展所需要的职业道德、科学文化与专业知识、技术技能等职业综合素质和行动能力而实施的教育,包括职业学校教育和职业培训。具体而言,职业学校教育分为中等职业学校教育、高等职业学校教育,职业培训包括就业前培训、在职培训、再就业培训及其他职业性培训。要从根本上维护妇女的合法权益,首先要力求解决好妇女的就业问题。而解决妇女的就业问题必须建立长效工作机制,确保妇女就业这项事业随着社会经济不断发展得到更好的解决。开展适合女性特点的职业教育和技术培训就是提高妇女就业能力的有效保障。需要注意的是,发展女性职业教育事业不仅要包括针对在职职工的职业教育,还应包括非在职职工的职业教育,如农村务农妇女、自谋职业妇女、城镇待业妇女等,应根据不同妇女的实际需求,组织妇女接受职业教育和实用技术培训。

三、鼓励用人单位对女职工的教育和培训

本条第三款强调用人单位对女职工进行教育和培训。《职业教育法》第九条规定,“国家鼓励发展多种层次和形式的职业教育,推进多元办学,支持社会力量广泛、平等参

与职业教育。国家发挥企业的重要办学主体作用，推动企业深度参与职业教育，鼓励企业举办高质量职业教育。有关行业主管部门、工会和中华职业教育社等群团组织、行业组织、企业、事业单位等应当依法履行实施职业教育的义务，参与、支持或者开展职业教育”。《上海市妇女儿童发展“十四五”规划》指出，应推动女性专业技术学习，鼓励女性接受多形式的职业技术教育，支持和鼓励用人单位为女职工提供继续教育的机会。各用人单位应当担负起对女职工进行职业教育和技能等培训的重任，制定开展女职工教育和培训的相关计划，有组织、有计划地安排女职工接受教育和培训。用人单位这一社会力量的参加能够为妇女提供更加个性化的职业教育与培训。

第三十九条 本市强化女性人才的培养、引进、评价激励、成长发展、服务保障等措施，发挥女性在高水平人才高地建设中的作用。

本市保障妇女从事科学、技术、文学、艺术和其他专业活动的权利，并提供必要的条件。根据有关规定，在高层次人才发展计划、有关评奖、项目申报中，对符合条件的妇女，可以适当放宽年龄限制。

［释义］ 本条是关于妇女人才培养和保障妇女平等从事文化权利的规定。

本条是依据《妇女权益保障法》第四十条，并结合本市实际情况所制定的创设性条款。强调对高层次女性人才的关注,发挥女性在上海建设高水平人才高地中的作用,以及在高层次人才发展计划、有关评奖、项目申报中,对符合条件的妇女,可以适当放宽年龄限制。

一、关注妇女发展,发挥妇女作用

本条第一款强调了对高层次女性人才的关注。加快建设具有全球影响力的科技创新中心,是以习近平同志为核心的党中央赋予上海的重大任务和战略使命,是上海加快推动经济社会高质量发展、提升城市能级和核心竞争力的关键驱动力,也是我国建设世界科技强国的重要支撑。

上海深入贯彻落实习近平总书记对上海建设具有全球影响力的科技创新中心的重要指示精神,上海女性人才作为一支重要力量,在基础理论、应用技术、工程实践等各个方面彰显巾帼力量。为进一步激发上海女性人才创新活力,更好发挥女性人才在上海科创中心建设、实现高水平科技自立自强、建设世界科技强国中的重要作用,本款明确了要完善女性人才的培养、引进、评价激励、成长发展、服务保障机制,不断增强女性在经济社会发展中的作用,实现自己的社会价值。

二、妇女在文化活动中享有的权利

本条第二款规定了妇女享有与男子平等的从事文化活动的权利。《宪法》第四十七条规定,"中华人民共和国公民有进行科学研究、文学艺术创作和其他文化活动的自由。国家对于从事教育、科学、技术、文学、艺术和其他文化事业的公民的有益于人民的创造性工作，给以鼓励和帮助”。《宪法》第四十八条第一款规定，“中华人民共和国妇女在政治的、经济的、文化的、社会的和家庭的生活等各方面享有同男子平等的权利”。本款强调了妇女享有与男子完全平等的文化教育权利，并且明确了本市要为妇女享受平等文化教育权利提供必要条件。

本条第二款还规定了“根据有关规定，在高层次人才发展计划、有关评奖、项目申报中，对符合条件的妇女，可以适当放宽年龄限制”。《关于支持女性科技人才在科技创新中发挥更大作用的若干措施》第八条规定，“支持女性科技人才入选国家高层次人才计划。国家人才计划适当放宽女性申报人年龄限制，用人单位在同等条件下要优先推荐女性科技人才”。《上海市妇女儿童发展“十四五”规划》也指出，在科研项目的申报和结题、各类人才项目评选、职业升迁和职称晋升中，考虑女性生命周期的特点，对育龄女性放宽年龄条件。根据上述法律法规和文件精神，本条不仅为妇女平等参与文化活动提供法律保障和条件支撑，还基于女性的成长规律放宽年龄条件。

第五章　劳动和社会保障权益

第四十条　本市保障妇女享有与男子平等的劳动权利和社会保障权利。

本市鼓励和支持妇女创新创业创造，依法保障妇女在

就业创业、职业发展等方面的合法权益。各级人民政府和有关部门应当完善就业保障政策措施，为妇女创造公平的就业创业环境，防止和纠正就业性别歧视，并为就业困难的妇女提供必要的扶持和援助。

[释义] 本条是关于妇女劳动和社会保障权益的一般规定。

本条依据《妇女权益保障法》第四十一条和第四十二条制定。

一、男女平等享有劳动权利和社会保障权利

本条第一款明确了男女平等享有劳动权利和社会保障权利。劳动权利是宪法规定的公民基本权利之一。《宪法》第四十八条第一款"中华人民共和国妇女在政治的、经济的、文化的、社会的和家庭的生活等各方面享有同男子平等的权利"和第二款"国家保护妇女的权利和利益，实行男女同工同酬，培养和选拔妇女干部"实际确认了国家负有保障男女平等享有劳动和社会保障权益的义务。除了《宪法》以外，《劳动法》第十三条"妇女享有与男子平等的就业权利"和《就业促进法》第二十七条第一款"国家保障妇女享有与男子平等的劳动权利"都对男女平等享有劳动权利和就业权利作出了规定。《中国妇女发展纲要(2021—2030年)》也指出，要"促进平等就业，消除就业性别歧视"。

虽然我国妇女劳动就业的范围远超世界上许多国家，

但就业中性别歧视的现象也屡见不鲜。一些单位在招工时，对男女均适宜的工作规定了不平等的性别比例，或者提高对妇女的录用标准，甚至明确拒绝招收女性。还有一些单位以女职工怀孕、生育和哺乳为由辞退女职工。同时，现实中男女同工不同酬，女性在工作职业和晋升机会上落后于男性等现象依然存在。种种不尊重、不保护妇女劳动权利的现象严重侵害了妇女的生存和发展的权利。参加社会劳动不仅是妇女谋取个人生活经济来源的方式，也是妇女实现经济独立、提高社会地位的先决条件，是实现男女平等的经济支柱，是妇女实现其他权利的经济基础，因此保障妇女平等的劳动权利具有特别重要的意义，必须以立法的形式明确妇女享有与男子平等的劳动权利。

本款使用“本市保障”与《妇女权益保障法》的“国家保障”相对应，具有两个层面的含义：一是就《条例》适用范围的表达，即本《条例》调整的有关对妇女劳动和社会保障权益的保护仅限于在上海市范围之内。二是对政府保障职能的强调和宣示，即通过立法进一步强化和发挥好各级人民政府及职能部门在保护妇女劳动和社会保障权益方面的职责，建立各种体制和机制，推进各部门合力保障妇女权益。

二、鼓励和支持妇女创新创业创造

本条第二款规定，“本市鼓励和支持妇女创新创业创造，依法保障妇女在就业创业、职业发展等方面的合法权益”。

为妇女创造公平的就业创业环境，促进妇女就业创业，国家相继出台了很多政策措施。党的十八届三中全会《中共中央关于全面深化改革若干重大问题的决定》、2019年政府工作报告、《中国妇女发展纲要（2021—2030年）》《中华人民共和国国民经济和社会发展第十四个五年规划和2035年远景目标纲要》等都对此作出了要求。习近平总书记在党的二十大报告中进一步提出，“实施就业优先战略”“强化就业优先政策”“健全就业公共服务体系”“加强困难群体就业兜底帮扶”“消除影响平等就业的不合理限制和就业歧视”“使人人都有通过勤奋劳动实现自身发展的机会”，这为鼓励和支持妇女创新创业创造、保障妇女劳动权益提供了根本遵循。

三、政府和有关部门应防止和纠正就业性别歧视

本条第二款还规定，“各级人民政府和有关部门应当完善就业保障政策措施，为妇女创造公平的就业创业环境，防止和纠正就业性别歧视，并为就业困难的妇女提供必要的扶持和援助”。明确了各级人民政府和有关部门负有完善就业保障政策措施、保障妇女公平就业、促进就业困难的妇女实现就业的职责。

促进就业是国家和各级人民政府的职责。《宪法》第四十二条中规定：“国家通过各种途径，创造劳动就业条件……国家对就业前的公民进行必要的劳动就业训练。”《劳动法》第五条也作了类似规定，《就业促进法》对各级人

民政府促进就业作出了全面、系统的规定。

本市保障妇女就业首先防止和纠正就业性别歧视，保障妇女享有平等就业权。"就业性别歧视"是指对就业机会有决定性影响的用人单位和个人基于性别在招聘中作出不合理的区别对待，从而损害某一性别群体劳动就业权利的行为。理论上，男女两性都有可能在就业中遭遇就业性别歧视，然而现实生活中，遭受就业性别歧视侵害的主体更多是妇女，就业性别歧视是妇女实现就业权的最大障碍之一。因此，国家必须采取各种措施防止和纠正就业性别歧视。我国《劳动法》第十二条、第十三条，《就业促进法》第二十六条、第二十七条均明确规定禁止用人单位对妇女实施就业性别歧视，危害妇女的公平就业权。

本市保障妇女就业还要为就业困难的妇女提供必要的扶持和援助。《中国妇女发展纲要(2021—2030年)》指出，要"加大帮扶力度，多渠道帮助就业困难妇女实现就业"。就业困难妇女是指有劳动能力和就业愿望，但因年龄、身体状况、技能水平、家庭因素、失去土地等导致难以实现就业的妇女。国家实施就业援助可以分为间接的政策激励和直接的就业岗位提供。政策激励旨在鼓励就业困难妇女自谋职业、自主创业以及鼓励企业吸纳就业困难人员，主要表现在税收、信贷、社保补贴等方面的优惠政策。直接就业岗位是指由各级人民政府作为出资主体或者通过社会筹集资金开发的，主要安置就业困难人员，符合社会公共利益需要的服务岗位和协助管理岗位。除此之外，各级人民政府还应当为就业困难妇女提供求职登记和指导、职业技能培训和服务，增强就业困难妇女在就业市场上的竞争力。

第四十一条 除国家另有规定外，用人单位不得以性别、婚育状况等为由，拒绝录(聘)用妇女或者差别化地提高对妇女的录(聘)用标准。

用人单位制定规章制度或者涉及女职工的劳动保护、福利待遇、社会保险等事项的相关规定，不得含有歧视妇女的内容。

在晋职、晋级、评聘专业技术职称和职务、培训等方面，应当坚持男女平等的原则，不得歧视妇女。

广播、电视、报刊、网络以及其他媒介不得违反国家有关规定，传播限制妇女就业的招工、招聘启事。

[释义] 本条是有关防止和纠正就业性别歧视，保护妇女平等就业的规定。

本条依据《妇女权益保障法》第四十三条、第四十六条制定，并新增第四款强化新闻媒介的责任。

一、禁止招录环节的性别歧视

本条第一款规定，“除国家另有规定外，用人单位不得以性别、婚育状况等为由，拒绝录(聘)用妇女或者差别化地提高对妇女的录(聘)用标准”。虽然本款只写明了在招录环节中“性别、婚育”歧视两种状况，但规定中所说的

"等"应当依据《妇女权益保障法》第四十三条所列举的各种情形,即"用人单位在招录(聘)过程中,除国家另有规定外,不得实施下列行为:(一)限定为男性或者规定男性优先;(二)除个人基本信息外,进一步询问或者调查女性求职者的婚育情况;(三)将妊娠测试作为入职体检项目;(四)将限制结婚、生育或者婚姻、生育状况作为录(聘)用条件;(五)其他以性别为由拒绝录(聘)用妇女或者差别化地提高对妇女录(聘)用标准的行为"。除了《妇女权益保障法》第四十三条的规定外,《劳动法》第十三条"在录用职工时,除国家规定的不适合妇女的工种或者岗位外,不得以性别为由拒绝录用妇女或者提高对妇女的录用标准"和《就业促进法》第二十七条第二款"用人单位招用人员,除国家规定的不适合妇女的工种或者岗位外,不得以性别为由拒绝录用妇女或者提高对妇女的录用标准"均对防止和纠正就业性别歧视作出了规定。《中国妇女发展纲要(2021—2030年)》也指出,要"加大消除就业性别歧视工作力度。全面落实消除就业性别歧视的法律法规政策,创造性别平等的就业机制和市场环境"。

此外,各级人民政府也应当加大对就业歧视的监管力度,采取切实措施,禁止各单位在招工、招聘时,以性别、婚姻、生育等情况作为录用条件。对于监督职责,《女职工劳动保护特别规定》第十二条规定,"县级以上人民政府人力资源社会保障行政部门、安全生产监督管理部门按照各自职责负责对用人单位遵守本规定的情况进行监督检查。工会、妇女组织依法对用人单位遵守本规定的情况进行监督”。

关于“国家另有规定”,《劳动法》第五十九条和《女职工劳动保护特别规定》第四条及附录规定了禁止安排女职工从事的工作。《劳动法》第五十九条规定,“禁止安排女职工从事矿山井下、国家规定的第四级体力劳动强度的劳动和其他禁忌从事的劳动”。《女职工劳动保护特别规定》第四条第二款规定,“女职工禁忌从事的劳动范围由本规定附录列示。国务院安全生产监督管理部门会同国务院人力资源社会保障行政部门、国务院卫生行政部门根据经济社会发展情况,对女职工禁忌从事的劳动范围进行调整”。

二、禁止用人单位制定规则中存在性别歧视

本条第二款规定,“用人单位制定规章制度或者涉及女职工的劳动保护、福利待遇、社会保险等事项的相关规定,不得含有歧视妇女的内容”,这是对单位制定规章制度内容的规定。《宪法》第四十八条规定:“中华人民共和国妇女在政治的、经济的、文化的、社会的和家庭的生活等各方面享有同男子平等的权利。”《妇女权益保障法》第二条也强调:“国家采取必要措施,促进男女平等,消除对妇女一切形式的歧视,禁止排斥、限制妇女依法享有和行使各项权益。”因此,男女平等、消除对妇女的歧视落实到企事业单位,就是在制定规章制度和劳动保护、福利待遇、社会保险等事项时，不得含有歧视妇女的内容。

企事业单位规章制度是为规范单位与职工的行为，维护单位和职工双方合法权益，根据《劳动法》等有关法律法规，结合单位实际情况而制定的规定。它从职工招聘与培训教育、工作时间与休息休假、工资福利与社会保险、劳动安全卫生与劳动保护、劳动纪律与员工守则、奖励与惩罚、保密制度与竞业限制、宿舍与食堂管理等方面进行约定。单位制定规章制度应当遵循合法、合理、全面、具体的原则，并经过一定的民主程序通过，向全体职工公示。

在现实生活中，有些单位出于各种原因，在制定的规章制度中，含有歧视妇女的内容，侵犯了女职工的权益。如有的在规章制度中对女职工恋爱、结婚、生育等设置限制性规定；有的规定同一单位的男女职工谈恋爱，女方必须辞职；有的规定女职工在聘用期内不得结婚或生育；还有的将女职工排除在住房补贴之外，等等。这些规章制度都是违反法律法规规定的。因此，单位在制定规章制度时，必须执行国家和地方的法律法规，不得歧视妇女。如果出现违反规定的歧视条款，单位应当立即修改，女职工权益受到侵害时，有权要求有关部门依法处理，或者依法向仲裁机构申请仲裁，或者依法向人民法院提起诉讼，依法维护自己的权益。

三、禁止晋升与福利分配中的性别歧视

本条第三款规定，“在晋职、晋级、评聘专业技术职称

和职务、培训等方面，应当坚持男女平等的原则，不得歧视妇女”，这是关于晋职、晋级、评定专业技术职务、享受福利待遇等方面男女平等的规定。

（一）在晋职、晋级、评定专业技术职务等方面的平等权利

晋职、晋级是对职工工作能力和工作成绩的肯定和奖励方式，评定专业技术职务是对专业技术人员专业知识技术水平的一种确认。晋职、晋级、评定专业技术职务，都是为了增强劳动者的主人翁责任感，鼓励其积极性和创造性，维护正常的生产秩序和工作秩序，提高劳动生产率和工作效率，促进社会生产力的发展。

随着社会经济的发展，越来越多的优秀女性开始从事管理、技术岗位，她们非常希望自身与企业能够共同发展。但是上海许多企事业单位的女性在职位晋升中会遇到无形的障碍，即所谓的“玻璃天花板”效应，让人看得见、摸不着。受传统性别文化的影响，在相同条件下晋职、晋级、评定专业技术职务等方面，往往男性更有优势，观念歧视造成女性在高层管理及高级职称的比例中明显低于男性。因此，女性的职业发展相对男性而言仍处于弱势，想要实现真正意义上的男女平等，还是要借助法律的规定来提高女性的弱势地位，规范企业行为，营造男女平等的氛围。

《中国妇女发展纲要（2021—2030 年）》也指出，“党政机关、国有企事业单位在招录（聘）和职工晋职晋级、评定

专业技术职称等方面发挥男女平等的示范引领作用”。

（二）在福利待遇方面的平等权利

社会福利是指由国家、社会组织和个人举办的能够给人们生活提供帮助、提供方便或者带来利益的事业。而妇女劳动保障权益中的社会福利主要是国家机关、社会团体、企业、事业单位等在国家政策指导下，以本单位职工为特定对象，通过建立各种补贴制度和举办集体福利事业，解决职工个人难以解决的生活困难，方便、改善职工生活，保证职工身体健康和正常工作举办的福利事业、实施的福利措施，主要包括带薪休假、职工上下班交通费补贴、住房公积金、住房补贴和其他福利待遇。女职工在享受单位福利待遇方面，享有与男职工平等的权利，单位不得歧视女职工，不得因性别原因，减少休假日，降低各类补贴费用，少交公积金等。

四、媒介在就业性别平等中的责任

本条第四款规定，“广播、电视、报刊、网络以及其他媒介不得违反国家有关规定，传播限制妇女就业的招工、招聘启事”。报刊、电视、广播以及其他新闻媒体应该认真贯彻男女平等基本国策，加强对招聘广告内容的审查，对招聘广告中含有就业歧视等违反规定的条款要坚决制止、不得进行传播，违反规定将承担法律责任。

随着社会的进步，就业性别歧视问题正在逐步得到解决，用人单位公开以性别为由拒绝录用女性、招聘广告公然提出不招女性的现象已较少出现，但是隐性的就业性别歧视依然存在，不仅性别，婚姻、生育状况也成为用人单位的隐性录用条件，因此全社会都要继续努力，制止一切形式的就业性别歧视。

本款中“媒介不得违反国家有关规定”中所指的有关规定如下。《网络招聘服务管理规定》第十五条规定，“用人单位向人力资源服务机构提供的单位基本情况、招聘人数、招聘条件、用工类型、工作内容、工作条件、工作地点、基本劳动报酬等网络招聘信息，应当合法、真实，不得含有民族、种族、性别、宗教信仰等方面的歧视性内容。前款网络招聘信息不得违反国家规定在户籍、地域、身份等方面设置限制人力资源流动的条件”，同时该规定第三十四条匹配了相应的法律责任：“违反本规定第十五条第一款规定，发布的招聘信息不真实、不合法的，由人力资源社会保障行政部门依照《人力资源市场暂行条例》第四十三条的规定予以处罚。违反本规定第十五条第二款规定，违法设置限制人力资源流动的条件，违反本规定第十七条规定，未依法履行信息审查义务的，由人力资源社会保障行政部门责令改正；拒不改正，无违法所得的，处 1 万元以下的罚款；有违法所得的，没收违法所得，并处 1 万元以上 3 万元以下的罚款。”《人力资源市场暂行条例》第四十三条规定：“发布的招聘信息不真实、不合法，未依法开展人力资源服务业务的，由人力资源社会保障行政部门责令改正；有违法所得的,没收违法所得;拒不改正的,处1万元以上5万元以下的罚款;情节严重的,吊销人力资源服务许可证;给个人造成损害的,依法承担民事责任。违反其他法律、行政法规的,由有关主管部门依法给予处罚。"《人才市场管理规定》第二十三条规定,"用人单位在招聘人才时,不得以民族、宗教信仰为由拒绝聘用或者提高聘用标准;除国家规定的不适合妇女工作的岗位外,不得以性别为由拒绝招聘妇女或提高对妇女的招聘条件",同时该规定第三十六条也匹配了罚则:"用人单位违反本规定,以民族、性别、宗教信仰为由拒绝聘用或者提高聘用标准的,招聘不得招聘人员的,以及向应聘者收取费用或采取欺诈等手段谋取非法利益的,由县级以上政府人事行政部门责令改正;情节严重的,并处10 000元以下罚款。"

此外,《广告法》第九条规定了广告不得含有民族、种族、宗教、性别歧视的内容。若违反该规定,应根据《广告法》第五十七条的规定承担法律责任:"由市场监督管理部门责令停止发布广告,对广告主处二十万元以上一百万元以下的罚款,情节严重的,并可以吊销营业执照,由广告审查机关撤销广告审查批准文件、一年内不受理其广告审查申请;对广告经营者、广告发布者,由市场监督管理部门没收广告费用,处二十万元以上一百万元以下的罚款,情节严重的,并可以吊销营业执照。"

第四十二条 实行男女同工同酬,妇女在享受福利待遇方面享有与男子平等的权利。

用人单位在录(聘)用女职工时,应当依法与其签订劳动(聘用)合同或者服务协议。劳动(聘用)合同或者服务协议中,应当依法约定女职工的工作岗位、劳动报酬、社会保险、劳动保护、劳动条件和职业危害防护,以及女职工特殊保护等事项,并不得含有限制女职工婚育或者其他侵害女职工合法权益的内容。

用人单位与职工一方可以就男女平等、女职工权益保护进行集体协商,签订集体合同或者专项集体合同等。

[释义] 本条是关于男女同工同酬、劳动合同和集体合同女职工特殊保护的规定。

本条依据《妇女权益保障法》第四十四条和第四十五条制定。

一、关于男女同工同酬

本条第一款是关于男女同工同酬原则的规定。《宪法》第四十八条第二款规定,“国家保护妇女的权利和利益,实行男女同工同酬,培养和选拔妇女干部”。《劳动法》第四十六条规定:“工资分配应当遵循按劳分配原则,实行同工同酬。工资水平在经济发展的基础上逐步提高。国家对工资总量实行宏观调控。”

同工同酬是一项人权,是男女平等原则在经济上的具体体现,也是按劳分配原则的要求之一。国际劳工立法明确承认男女同工同酬原则,我国加入的国际劳工组织《男女工人同工同酬公约》(1951 年 100 号公约)以及联合国《经济、社会及文化权利国际公约》均对同工同酬作出了规定。《中国妇女发展纲要(2021—2030 年)》也指出,要“保障妇女获得公平的劳动报酬,男女收入差距明显缩小”“全面落实男女同工同酬,保障收入公平”。

男女同工同酬是指男女工人都有权利在从事同等价值工作的情况下获得同等的报酬。这一概念包含两个层次的含义:

第一,男女从事内容相同或类似的工作获得的报酬应该平等。

依据法律规定,男女同工同酬的条件是:(1)男女工作岗位和工作内容相同或者相似;(2)在相同或者相似的工作岗位上男女付出同样的劳动工作量;(3)同样的工作量取得了相同的工作业绩。这一规定在传统行业相对容易确定,而对许多新兴行业,随着岗位多元化,在界定时相对困难。因为即使男女在同一岗位,但是因劳动者的不同学历、工作经验、工作技能、工作态度等,也可以对处于相同工作岗位的劳动者在劳动报酬方面有所差别。因此,同工同酬更强调要求员工之间具有相同的考核评价体系,且处于相同的工资收入分配体制机制中。实行同工同酬原则并不是否定工资分配领域的激励机制和按劳分配原则,而是强调用人单位在工资分配方面的公平性,根据客观的评定方法所确定的岗位差异来制定出相对应的差异化工作报酬标准,这符合对同等价值工作付予同等报酬的原则。

第二,男女从事内容不同但具有同等价值的工作获得的劳动报酬应该平等。

具有同等资质的男女两性被置于差别很大的职业类型中,产生了就业结构中的横向和纵向性别隔离。绝大多数男女有薪劳动者是在以男性或以女性为主导的职业中或岗位上工作,女性更多地被招募进工资低、发展有限的工种和位置上,仅在相同的工作或者工种中推行男女同酬,不能解决两性收入不平等问题,因此有必要从"同工同酬"发展为"等值同酬"原则。1979 年联合国大会通过的《消除对妇女一切形式歧视公约》第十一条规定,男女从事同等价值的工作享有同等报酬(包括福利)和平等待遇的权利。等值同酬不仅要求男女从事同样的工作有相同的报酬率,而且要求对工作内容不同但价值相等的男女工作及其报酬进行比较和平衡,特别要考虑多数女性从事照顾家庭这种传统无薪劳动的价值,从而在更大范围内推进并实现男女工资报酬的平等公正。

按照男女同工同酬原则,妇女在享受福利待遇方面也应该与男子享有平等的权利。生活福利待遇是为保障劳动者正常生产工作和生活所提供的必要的生活设施和福利性待遇,主要包括住房补贴、食堂、浴室、托儿所、幼儿园、俱乐部、班车和其他生活补贴等。

二、关于将女职工权益保护纳入劳动(聘用)协议

本条第二款规定用人单位负有与女职工签订劳动(聘用)合同或者服务协议的义务。《劳动法》第十六条规定:“劳动合同是劳动者与用人单位确立劳动关系、明确双方权利和义务的协议。建立劳动关系应该订立劳动合同。”本款规定劳动者与用人单位签订劳动(聘用)合同或者服务协议确立双方的法律关系,有利于明确双方的权利和义务,以具体化、纸面化的书面协议约束处于强势地位的用人单位,从而保护处于弱势地位的女职工。根据《劳动合同法》第十条的规定,“建立劳动关系,应当订立书面劳动合同。已建立劳动关系,未同时订立书面劳动合同的,应当自用工之日起一个月内订立书面劳动合同”。本款规定劳动(聘用)合同或者服务协议中应当具备女职工特殊保护条款,并不得规定限制女职工结婚、生育等内容,进一步通过劳动(聘用)合同或者服务协议明确用人单位对女职工劳动保护的义务。

在劳动合同的内容上,《劳动合同法》第十七条规定:“劳动合同应当具备以下条款:(一)用人单位的名称、住所和法定代表人或者主要负责人;(二)劳动者的姓名、住址和居民身份证或者其他有效身份证件号码;(三)劳动合同期限;(四)工作内容和工作地点;(五)工作时间和休息休假;(六)劳动报酬;(七)社会保险;(八)劳动保护、劳动条件和职业危害防护;(九)法律、法规规定应当纳入劳动合

同的其他事项。"《条例》根据《劳动法》《劳动合同法》和《妇女权益保障法》等上位法规定，在劳动合同的内容中增加了"岗位"的约定，从"工作内容"到进一步明确为"岗位"，为严格执行女职工的退休年龄奠定了基础。这一修改主要是针对目前上海女职工退休年龄提前化而提出的。退休年龄是劳动者劳动权的主要组成部分之一，但现实生活中，用人单位往往事先不约定岗位，在女职工临近退休年龄时随意确定岗位性质，违反女性管理、专业技术人员的本人意愿，强迫没有到达退休年龄的女职工退休。因此，本款要求通过签订劳动合同约定岗位性质，是工人岗位还是管理岗位，以及对岗位从事工作年限作出明确规定，以此来规范企业对女职工岗位性质的认定，更好地依照国家和本市有关规定执行女职工退休年龄，保护女职工的合法权益。

三、关于将女职工权益保护纳入集体合同

本条第三款是关于将女职工权益保护纳入集体合同的规定。《中国妇女发展纲要(2021—2030 年)》指出，要"保障女职工劳动权益。督促用人单位规范用工行为，依法与女职工签订劳动合同，推动签订女职工权益保护专项集体合同"。《上海市妇女儿童发展"十四五"规划》也指出，要加强对企业女职工权益保护专项集体合同的指导，提高企业女职工权益保护专项集体合同签订率。

集体合同也称团体协约，是指用人单位与本单位职工

(或者工会代表职工与企业代表组织之间)根据法律、法规、规章的规定,就劳动报酬、工作时间、休息休假、劳动安全卫生、职业培训、保险福利等事项,通过平等协商签订的书面协议。集体合同的效力覆盖全体工会会员,有利于提高工会会员的共同劳动利益。专项集体合同是指用人单位与本单位职工(或者工会代表职工与企业代表组织之间)根据法律、法规、规章的规定,就平等协商的某项内容签订的专项书面协议。女职工权益保护专项集体合同是指用人单位与本单位女职工(或者工会代表女职工与企业代表组织之间)以女职工的合法权益和特殊利益为内容,进行平等协商而签订的书面协议,它包括单独的专项集体合同文本和作为集体合同附件的专项协议。

用人单位与职工个人签订的劳动合同约定的劳动条件和劳动报酬标准,不得低于集体合同或专项集体合同的规定。将包含男女平等和女职工权益保护相关内容纳入集体合同中或者制定女职工权益保护专项集体合同,一方面可以将法定的女职工特殊时期保护内容纳入集体合同内容之中,另一方面可以对法律没有明确规定的内容(如企业职代会中女职工代表比例等关系女性发展的内容和其他福利等内容)作出规定,有利于提高女职工的劳动保护水平。由于集体合同是双方协商订立的,因此其可以增强用人单位对女职工保护的主动性。通过签订女职工专项合同,促进了企业女职工学法用法,增强了女职工的法律意识和自我保护能力;女职工专项合同的签订使企业有章可循,促使用人单位依法经营,不仅调动了女职工的生产积极性,也促进了劳动关系的和谐稳定。

第四十三条 人力资源和社会保障部门应当将招聘、录取、晋职、晋级、评聘专业技术职称和职务、培训、辞退等过程中的性别歧视行为纳入劳动保障监察范围。

[释义] 本条是关于将就业性别歧视行为纳入劳动保障监察范围的规定。

本条依据《妇女权益保障法》第四十九条制定。

劳动保障监察是指人力资源和社会保障行政部门对用人单位遵守劳动保障法律、法规的情况进行监督检查,并对违法行为依法进行处理的行政执法活动。尽管《就业促进法》第六十条规定,劳动行政部门应当对《就业促进法》实施情况进行监督检查,但是并没有明确将就业歧视行为纳入劳动保障监察范围。《劳动保障监察条例》第十一条规定了劳动保障监察事项的九项具体情形:(1)用人单位制定内部劳动保障规章制度的情况;(2)用人单位与劳动者订立劳动合同的情况;(3)用人单位遵守禁止使用童工规定的情况;(4)用人单位遵守女职工和未成年工特殊劳动保护规定的情况;(5)用人单位遵守工作时间和休息休假规定的情况;(6)用人单位支付劳动者工资和执行最低工资标准的情况;(7)用人单位参加各项社会保险和缴纳社会保险费的情况;(8)职业介绍机构、职业技能培训机构和职业技能考核鉴定机构遵守国家有关职业介绍、职业技能培训和职业技能考核鉴定的规定的情况;(9)法律、法规规定的其他劳动保障监察事项。但上述规定没有将就业歧视行为纳入劳动监察范围。根据依法行政执法的特点,实践中劳动保障监察部门认为没有法律依据授权就无法实施监管,而受害人往往因为司法救济维权成本太高而不愿维权,导致用人单位实施的就业歧视行为屡禁不止。本条将就业性别歧视行为纳入劳动保障监察范围,明确授权劳动行政部门查处就业性别歧视行为,增加对就业性别歧视行为的行政救济方式,拓宽了对就业性别歧视行为的救济渠道,便于受到就业性别歧视的妇女通过行政手段维护自己的权益。

第四十四条 用人单位应当执行法律、法规、规章以及国家和本市有关女职工劳动保护的规定,保障女职工的劳动安全和健康,遵守女职工禁忌从事的劳动范围的规定,采取必要措施预防女职工遭受职业病危害。

鼓励用人单位根据女职工的需要,建立女职工卫生室、孕妇休息室等妇幼保健设施,满足女职工在生理卫生、哺乳、照料婴幼儿等方面的需要。

[**释义**] 本条是关于女职工特殊劳动权利的规定。

本条是依据《妇女权益保障法》第四十七条制定。

一、关于女职工的劳动保护

劳动保护权是劳动者享有的、在劳动过程中获得安全与健康保护的权利，是保护劳动者生命健康权的重要措施。妇女的劳动保护权是指妇女在劳动过程中依法要求用人单位提供安全卫生的劳动条件，保护其生命安全和身体健康的一项基本劳动权利。妇女的劳动保护权包括一般性安全卫生保护权和对妇女的特殊保护权。国家为了保护劳动者在劳动过程中的安全和健康制定了一系列法律规范。这些法律规范可分为两大类：一类是劳动安全法。包括工厂安全技术规程、建设工程安全生产管理条例、矿山安全法律规范等。另一类是劳动卫生法。包括防止粉尘危害、防止职业中毒、防止噪声和强光刺激、工作场所通风照明、防暑降温、职业病的防治和处理等法律规定。女职工作为劳动者的一员，享有上述法定的权利。同时，根据妇女身体结构、生理机能的特点以及抚育子女的特殊需要，国家和本市在劳动保护方面对妇女特殊权益的法律保障，体现了实质上的平等保护。

例如，《劳动法》第五十九条规定："禁止安排女职工从事矿山井下、国家规定的第四级体力劳动强度的劳动和其他禁忌从事的劳动。"在矿山井下，劳动条件通常是非常艰苦的，工作环境差、危险因素多、劳动强度大，因此禁止女职工在矿山井下从事各种劳动。但是，女职工从事的临时性工作除外，比如女医护人员到矿山井下从事医务活动等。根据《体力劳动强度分级》(GB3869-83)的标准，体力劳动强度的大小是以劳动强度指数衡量的。劳动强度指数是由该工种的平均劳动时间率、平均能量代谢率两个因素构成的。第四级体力劳动是指劳动强度指数大于25，8小时工作日平均耗能值为11 304.4千焦耳/人，劳动时间率为77%，即净劳动时间为370分钟，第四级体力劳动强度已经是很重强度的劳动，是一般妇女难以完成的劳动，所以禁止女职工从事第四级体力劳动强度的劳动。劳动强度指数越大，体力劳动强度也越大；反之亦然。《女职工劳动保护特别规定》规定女职工禁忌从事的劳动范围包括：(1)矿山井下作业；(2)体力劳动强度分级标准中规定的第四级体力劳动强度的作业；(3)每小时负重6次以上、每次负重超过20公斤的作业，或者间断负重、每次负重超过25公斤的作业。

另外，已婚待孕的女职工禁忌从事铅、汞、苯、镉等作业场所属于《有毒作业分级》(GB12331-90)中第三级、第四级的作业。如《上海市女职工劳动保护办法》第四条规定："各单位必须根据女职工的生理特点和所从事工作的特点，加强劳动保护工作；应通过技术改造、工艺改革、设备更新、改进劳防用品等途径和方式，改善劳动条件，并采取有效措施加强对女职工的安全教育和安全技术培训。"

此外，《中国妇女发展纲要(2021—2030年)》也指出，要"保障女性劳动者劳动安全和健康"。为此，要广泛开展劳动安全和健康宣传教育，加大《女职工劳动保护特别规定》宣传执行力度，提高用人单位和女性劳动者的劳动保护和安全生产意识。将女职工劳动保护纳入职业健康和安全生产监督管理范围,加强对用人单位的劳动保障监察以及劳动安全和职业健康监督。督促用人单位加强职业防护和职业健康监督保护,保障女职工在工作中免受有毒有害物质和危险生产工艺的危害。

二、关于用人单位建立健全保健设施

《女职工劳动保护特别规定》第十条规定:“女职工比较多的用人单位应当根据女职工的需要,建立女职工卫生室、孕妇休息室、哺乳室等设施,妥善解决女职工在生理卫生、哺乳方面的困难。”《上海市女职工劳动保护办法》第二十条规定:“日班次中有一个班次的女职工在一百人以上的单位,应设置女职工卫生室和孕妇休息室等妇幼保健设施;日班次女职工均不满一百人的单位,可设置简易的温水箱及冲洗器,具体的设置标准,由市人力资源社会保障局另行规定。”同时,《上海市人口与计划生育条例》第三十六条也作出了类似的规定:“各级人民政府应当在城乡社区建设改造中,按照国家和本市有关规定,建设相应的婴幼儿活动场所及配套服务设施。公共场所和女职工比较多的用人单位应当按照国家和本市有关规定,配置母婴设施,为婴幼儿照护、哺乳提供便利条件。”此条明确了用人单位在建立健全保健设施中的职责,鼓励用人单位根据女职工的需要,建立女职工卫生室、孕妇休息室等妇幼保健设施。除了上海市,《江苏省妇女权益保障条例》第二十六条第一款也规定，“女职工较多的用人单位应当根据女职工的需要，建立女职工卫生室、孕妇休息室、哺乳室等设施，解决女职工在生理卫生、哺乳方面的困难。鼓励用人单位为本单位职工提供零至三岁婴幼儿托管服务”。《中国妇女发展纲要(2021—2030年)》指出，“为女性生育后的职业发展创造有利条件”，要“推动用人单位根据女职工需要建立女职工哺乳室、孕妇休息室等设施”。

基于上述法律法规和文件精神，本款旨在鼓励用人单位建立健全各类保健设施，切实满足女职工在生理卫生、哺乳、照料婴幼儿等方面的需要。

第四十五条　妇女在经期、孕期、产期、哺乳期受特殊保护，并依照国家和本市规定享受相应的假期、待遇。

用人单位应当依法保障女职工享有产假、生育假、育儿假等相关待遇。

用人单位不得因结婚、怀孕、产假、哺乳等情形，违法降低女职工的工资和福利待遇，限制女职工晋职、晋级、评聘专业技术职称和职务，辞退女职工，单方解除劳动(聘用)合同或者服务协议。

女职工在孕期或者哺乳期不适应原工作岗位的，可以与用人单位协商调整该期间的工作岗位或者改善相应的工作条件。女职工在孕期或者哺乳期可以与用人单位协商采用弹性工作时间或者居家办公等灵活的工作方式。

经二级及以上医疗保健机构证明有习惯性流产史、严重的妊娠并发症、妊娠合并症等可能影响正常生育的，女职工本人提出申请，用人单位应当批准其产前假。

经二级及以上医疗保健机构证明患有产后严重影响母婴身体健康疾病的，女职工本人提出申请，用人单位应当批准其哺乳假。

女职工按照有关规定享受的产前假、哺乳假期间，其工资不得低于本人原工资的百分之八十，并不得低于本市最低工资标准；调整工资时，产前假、产假、哺乳假视作正常出勤。

［释义］ 本条是关于女职工在“四期”的特殊劳动保护的规定。

本条是依据《妇女权益保障法》第四十七条、第四十八条的精神，结合本市实际情况所制定的创设性条款。

《中国妇女发展纲要（2021—2030 年）》也指出，“改善女性劳动者劳动安全状况”，要“督促用人单位加强对女职工经期、孕期、哺乳期的特殊保护，落实哺乳时间和产假制度”。同时提出，要“为女性生育后的职业发展创造有利条件。禁止用人单位因女职工怀孕、生育、哺乳而降低工资、恶意调岗、予以辞退、解除劳动（聘用）合同，推动落实生育奖励假期间的工资待遇，定期开展女职工生育权益保障专项督查。为女性生育后回归岗位或再就业提供培训等支持”。

一、关于妇女在“四期”的特殊劳动保护的一般性规定

本条第一款、第二款是对妇女在“四期”的特殊劳动保护的一般性规定。国家和本市对妇女在经期、孕期、产期、哺乳期受特殊保护及享受相应的假期和待遇的相关规定如下：

1. 用人单位不得安排不适合妇女从事的工作和劳动。这已在第四十四条的释义中作了详细说明，不再重述。

2. 女职工经期保护。依据《女职工劳动保护特别规定》，女职工在经期禁忌从事的劳动范围如下：(1)冷水作业分级标准中规定的第二级、第三级、第四级冷水作业；(2)低温作业分级标准中规定的第二级、第三级、第四级低温作业；(3)体力劳动强度分级标准中规定的第三级、第四级体力劳动强度的作业；(4)高处作业分级标准中规定的第三级、第四级高处作业。这里的高处作业是指国家标准《高处作业分级》(GB3608-83)规定的三级高处作业，即在坠落高度基准面 5 米以上(含 5 米)有可能坠落的高处进行的作业；低温作业是指生产劳动过程中，操作人员接触冷水温度等于或低于 12 度的作业。第三级体力劳动 8 小时工作日平均耗能值为 7 310.2 千焦耳/人，劳动时间率为 73%，即净劳动时间为 350 分钟，相当于重强度劳动。

3. 女职工孕期保护。《劳动法》第六十一条规定：“不得安排女职工在怀孕期间从事国家规定的第三级体力劳

动强度的劳动和孕期禁忌从事的劳动。对怀孕七个月以上的女职工,不得安排其延长工作时间和夜班劳动。”第六十三条规定:“女职工生育享受不少于九十天的产假。”对怀孕7个月以上的女职工,用人单位不但不得延长劳动时间或者安排夜班劳动,还应当在劳动时间内安排一定的休息时间。怀孕女职工在劳动时间内进行产前检查,所需时间计入劳动时间。为了防止工作环境中有毒有害物质对母婴健康产生不利影响,依据《女职工劳动保护特别规定》,女职工在孕期禁忌从事的劳动范围如下:(1)作业场所空气中铅及其化合物、汞及其化合物、苯、镉、铍、砷、氰化物、氮氧化物、一氧化碳、二硫化碳、氯、己内酰胺、氯丁二烯、氯乙烯、环氧乙烷、苯胺、甲醛等有毒物质浓度超过国家职业卫生标准的作业;(2)从事抗癌药物、己烯雌酚生产,接触麻醉剂气体等的作业;(3)非密封源放射性物质的操作,核事故与放射事故的应急处置;(4)高处作业分级标准中规定的高处作业;(5)冷水作业分级标准中规定的冷水作业;(6)低温作业分级标准中规定的低温作业;(7)高温作业分级标准中规定的第三级、第四级的作业;(8)噪声作业分级标准中规定的第三级、第四级的作业;(9)体力劳动强度分级标准中规定的第三级、第四级体力劳动强度的作业;(10)在密闭空间、高压室作业或者潜水作业,伴有强烈振动的作业,或者需要频繁弯腰、攀高、下蹲的作业。

《上海市女职工劳动保护办法》根据国家有关规定进

行了细化，其第九条规定，禁止安排妊娠期和哺乳期的女职工从事以下工作：(1)国家规定的第三级体力劳动强度的工作。(2)生产或使用铅、苯、汞、镉、二硫化碳的工作(具体范围，由市劳动局另行规定)，以及超过卫生防护要求剂量当量限值的放射性工作。(3)生产抗癌药物、性激素的工作或接触锰、铬、铍、砷、磷及其化合物和苯胺、环氧乙烷、氯乙烯及其他有机氯化合物的工作。(4)在氰化物、氮氧化物、一氧化碳、氯、己内酰胺、甲醛、氟、溴、甲醇等浓度超过国家卫生标准的场所内工作。另外还规定，对妊娠的女职工，不应延长其劳动时间；对从事频繁弯腰、攀高、下蹲、抬举、搬运等容易引起流产、早产的工作，或者经区、县级以上医疗机构证明不宜从事原工作的，应暂时调做其他适当工作或酌情减轻工作量。

4. 女职工产期保护。《女职工劳动保护特别规定》第七条规定："女职工生育享受 98 天产假，其中产前可以休假 15 天；难产的，增加产假 15 天；生育多胞胎的，每多生育 1 个婴儿，增加产假 15 天。女职工怀孕未满 4 个月流产的，享受 15 天产假；怀孕满 4 个月流产的，享受 42 天产假。"第八条规定："女职工产假期间享有生育津贴，生育津贴由生育保险基金支付；女职工未参加生育保险的，由用人单位按照女职工产假前工资的标准支付。女职工生育或者流产的医疗费用，由生育保险基金支付；对未参加生育保险的，由用人单位支付。"

5. 女职工哺乳期保护。作业环境中的有毒物质会通过母亲乳汁进入婴儿体内,对婴儿的健康也会产生不良影响。因此,依据《女职工劳动保护特别规定》,女职工在哺乳期禁忌从事的劳动范围如下:“(1)孕期禁忌从事的劳动范围的第一项、第三项、第九项;(2)作业场所空气中锰、氟、溴、甲醇、有机磷化合物、有机氯化合物等有毒物质浓度超过国家职业卫生标准的作业。”同时,第九条规定:“对哺乳未满1周岁婴儿的女职工,用人单位不得延长劳动时间或者安排夜班劳动。用人单位应当在每天的劳动时间内为哺乳期女职工安排1小时哺乳时间;女职工生育多胞胎的,每多哺乳1个婴儿每天增加1小时哺乳时间。”第十条规定:“女职工比较多的用人单位应当根据女职工的需要,建立女职工卫生室、孕妇休息室、哺乳室等设施,妥善解决女职工在生理卫生、哺乳方面的困难。”

6. 女职工“四期”可享受的相应假期和待遇。根据《上海市女职工劳动保护办法》第八条规定:对从事高空、低温、冷水、野外流动和国家规定的第三级体力劳动强度作业的女职工,在月经期间应暂时调做其他工作或给予公假一天。对其他生产第一线的女职工,在月经期间也应酌情给予照顾。第十二条规定:女职工妊娠七个月(按二十八周计算),应给予每天工间休息一小时,不得安排夜班劳动。第十三条规定:女职工妊娠期间在医疗保健机构约定的劳动时间内进行产前检查(包括妊娠十二周内的初查),

应算作劳动时间。第十五条规定:女职工生育后,在其婴儿一周岁内应照顾其在每班劳动时间内授乳两次(包括人工喂养)。每次单胎纯授乳时间为三十分钟,亦可将两次授乳时间合并使用。多胞胎生育者,每多生一胎,每次哺乳时间增加三十分钟。婴儿满一周岁后,经区、县级以上医疗保健机构确诊为体弱儿的,可适当延长女职工授乳时期,但最多不超过6个月。授乳时间及在本单位授乳往返时间,应算作劳动时间。第十七条规定:女职工在哺乳期间,不得延长其劳动时间,一般不得安排其从事夜班劳动。第十八条规定:女职工在产假期间的工资照发。按本规定享受的产前假和哺乳假的工资按本人原工资的百分之八十发给。单位增加工资时,女职工按规定享受的产前假、产假、哺乳假,应作出勤对待。

关于产假。《上海市女职工劳动保护办法》第十四条规定:单胎顺产者,给予产假90天,其中产前休息15天,产后休息75天。难产者,增加产假15天;多胞胎生育者,每多生育1个婴儿,增加产假15天。妊娠3个月内自然流产或子宫外孕者,给予产假30天;妊娠3个月以上,7个月以下自然流产者,给予产假45天。

关于生育假。2021年新修改的《上海市人口与计划生育条例》第三十一条第二款规定:"符合法律、法规规定生育的夫妻,女方除享受国家规定的产假外,还可以再享受生育假六十天,男方享受配偶陪产假十天。生育假享受产假同等待遇,配偶陪产假期间的工资,按照本人正常出勤应得的工资发给。”此次修改将生育假从原本三十天增加到了六十天。

关于育儿假。新修改的《上海市人口与计划生育条例》第三十一条第三款规定:“符合法律、法规规定生育的夫妻,在其子女年满三周岁之前,双方每年可以享受育儿假各五天。育儿假期间的工资,按照本人正常出勤应得的工资发给。”

二、关于禁止用人单位对女职工进行婚育歧视

本条第三款规定了禁止用人单位对女职工进行婚育歧视。本款依据为《妇女权益保障法》第四十八条第一款。生育对于人类来说,具有重要的双重功能:人类家庭(个人)需要和人类社会种族繁衍的需要。因此,生育的价值具有双重性,包括生育的家庭(个人)价值和社会价值两个方面。生育的社会价值表明:生育是一种社会职能。养育子女不仅是男女(家庭)的责任,也是国家、社会的责任,社会应当承担对生育的保障责任。随着社会化大生产的发展,妇女自身能力的提高,广大妇女既要从事生产劳动,同时也承担人类自身繁衍的特殊责任。妇女生育是社会发展需要,她们在满足自身需要同时,也为社会劳动力再生产付出努力。如果没有劳动力的再生产和后备劳动力的储备,社会经济就不可能持续发展,妇女生育行为在人类自身生产中具有社会意义,是一种神圣的社会劳动,与国

家和社会前途直接相关。由于怀孕分娩是女性独特的生理机制,这种生理机制不应该成为女性在工作场所获得平等的不利因素,国家必须保证男女在劳动力市场获得平等地位。因此,用人单位不得因结婚、怀孕、产假、哺乳等情形,违法降低女职工的工资和福利待遇,限制女职工晋职、晋级、评聘专业技术职称和职务,辞退女职工,单方解除劳动(聘用)合同或者服务协议。

三、关于妇女在"四期"的特殊劳动保护的特殊性规定

本条第一款"妇女在经期、孕期、产期、哺乳期受特殊保护,并依照国家和本市规定享受相应的假期和待遇",重申了国家和本市的有关规定,在继续执行国家和本市有关规定以外,本条第五、六款对两类特殊情况强化了特别保护。

《上海市女职工劳动保护办法》第十二条规定:如工作许可,经本人申请,单位批准,可请产前假两个半月。第十六条规定:女职工生育后,若有困难且工作许可,由本人提出申请,经单位批准,可请哺乳假六个半月。这一规定适用于所有处在该期的女职工,具有普遍性。而目前一些用人单位从经济利益及人事安排考虑,对女职工请产前假、哺乳假设置种种障碍,即便批准假期,也以事假或病假名义,减少工资支付,降低用工成本;同时事假、病假不能按正常出勤对待,也将影响女职工的工资调整、晋职、晋级,

对女职工自身职业的发展会产生极为不利的影响。因此本《条例》在《上海市女职工劳动保护办法》第十二条、第十六条规定的基础上，进一步规定"经二级及以上医疗保健机构证明有习惯性流产史、严重的妊娠并发症、妊娠合并症等可能影响正常生育的"，"以及患有产后严重影响母婴身体健康疾病的"，只要"女职工本人提出申请，用人单位应当批准其产前假、哺乳假"。把请产前假、哺乳假的选择权交给女职工的同时，把某些特定情况下请产前假、哺乳假的决定权交给女职工，充分体现了以人为本，建设和谐社会的立法指导思想，充分体现了关心孕期、产期、哺乳期女职工，关心婴儿身心健康的人文关怀。今后，孕期、哺乳期女职工如工作许可，经本人申请，单位批准，可请产前假两个半月，可请哺乳假六个半月。在经二级及以上医疗保健机构证明有习惯性流产史、严重的妊娠并发症、妊娠合并症等可能影响正常生育的，产后严重影响母婴身体健康疾病的几种特殊情况下，只要女职工提出申请，单位应当批准其产前假、哺乳假。需要说明的是，规定"产后严重影响母婴身体健康疾病"经二级以上医疗保健机构证明，女职工提出，单位应当准其哺乳假，是出于保护母婴身体健康的目的。所谓"产后严重影响母婴身体健康疾病"，一是发生在产后，二是这类疾病会严重影响母婴身体健康，这类疾病可能是因生育而引起的，也可能是生育前就有生育后加重了的，关键看是否严重影响了母婴身体健康。至于哪些属于“产后严重影响母婴身体健康疾病”，由于各人的情况不一样，很难将疾病名称一一列举，只有通过医疗保健机构的检查和诊断才能确定，所以本条规定“产后严重影响母婴身体健康”的疾病必须持有二级以上医疗保健机构的证明。

四、保护孕期女职工调岗不降薪

本条第四款规定：“女职工在孕期或者哺乳期可以与用人单位协商采用弹性工作时间或者居家办公等灵活的工作方式。”依据为《上海市人口与计划生育条例》第三十一条第四款：“鼓励用人单位采取有利于照顾婴幼儿的灵活休假和弹性工作措施，支持家庭生育、养育。”

除了对特殊时期的女职工设立弹性工作时间，本条第四款和第七款对女职工在孕期或哺乳期的调岗不降薪也作出了保护。随着经济体制改革的深入发展，企业以经济效益为重，使女职工在“四期”权益维护方面遭遇许多新情况、新问题。近几年在上海相关政府部门的执法检查中发现，一些用人单位对孕期、哺乳期女职工换岗降薪现象时有发生。如有些管理岗位的女职工怀孕后，企业以减轻工作量或不适应原岗位为理由，将孕期女职工从原来的管理岗位换到非管理岗位，收入也由多变少；或是改变上班地点，路途由近变远，迫使女职工主动提出辞职。这种现象的存在导致部分女性不敢或不愿生育，在她们看来生育就意味着下岗，离开职业发展较好的岗位，这已成为一种社会问题。《上海市女职工劳动保护办法》第六条规定，各单位不得在女职工妊娠期、产期和哺乳期降低其基本工资。随着工资制度的改革，企业基本工资在职工收入中的比例只占很小一部分，已不能体现对该期间女职工的特殊保护。因此，《妇女权益保障法》第四十八条规定，“用人单位不得因结婚、怀孕、产假、哺乳等情形，降低女职工的工资和福利待遇”，但在现实操作中，工资的概念仍较模糊，企业在执行中较为混乱。而保护孕期女职工的身心健康，关系到未来人口的素质。怀孕生子既是一种自然行为又是一种社会行为，也是一种社会生产，因此保护孕期女职工也是全社会的责任。企业作为社会的一分子应当为孕期女职工营造宽松良好的社会环境，企业对孕期女职工的岗位变动不能简单用市场经济下的以岗定薪来对待，对女职工的特殊时期应当从人性关怀角度出发加以保护，特殊对待。因此本条第四款和第七款既给了女职工充分的自主权，又作了换岗不降薪规定，即“女职工在孕期或者哺乳期间不适应原工作岗位的，可以与用人单位协商调整该期间的工作岗位或者改善相应的工作条件”，“女职工按照有关规定享受的产前假、哺乳假期间，其工资不得低于本人原工资的百分之八十”。根据上海市人力资源和社会保障局的规定，原工资指女职工请产前假或请产假前正常出勤月的，企业根据国家和本市的规定以及劳动合同的约定，以各种形式支付给劳动者的报酬，即列入工资总额统计的全部工资收入。

第四十六条 各级人民政府和有关部门应当采取措施，按照有关规定为困难妇女提供就业创业支持等服务。本市关心关爱外来务工妇女，改善其劳动条件，提高其职业技能。

［释义］ 本条是关于加强困难妇女和外来务工妇女的权益保障的规定。

本条是依据《妇女权益保障法》第五十二条精神，结合本市实际情况所制定的创设性条款。

根据《妇女权益保障法》第五十二条的规定，困难妇女包括贫困妇女、老龄妇女、残疾妇女等群体。目前的社会救助制度往往以家庭为救助单位，缺乏针对困难妇女的救助措施。各级人民政府和有关部门应该完善困难妇女的社会救助网络，完善医疗、教育、住房、就业等专项救助和临时救助制度，特别是为困难妇女群体提供就业创业支持等服务，切实解决困难妇女的特殊困难。《中国妇女发展纲要(2021—2030年)》也指出，“加强对妇女的关爱服务，重点为有困难、有需求的妇女提供帮扶”。

同时，本市是外来务工人员涌入的大市，外来务工妇女数量颇多。依据《上海市妇女儿童发展“十四五”规划》“重视外来务工女性、灵活就业女性、公益性岗位就业女性和残疾就业女性利益诉求，完善妇女就业保障措施”的策略措施，本条规定本市应“关心关爱外来务工妇女，改善其劳动条件,提高其职业技能”,回应了社会的关注,特别明确了本市对外来务工妇女这一特殊群体的保障。

第四十七条 本市健全生育支持政策体系,按照国家规定实施生育保险制度,完善与生育相关的保障制度。

用人单位应当依法缴纳生育保险费。女职工依照国家和本市规定享受生育保险待遇。未就业妇女、领取失业保险金的妇女、灵活就业妇女按照国家和本市相关规定参加基本医疗保险,享受相应的生育待遇。

本市加强生殖健康服务,将分娩镇痛按程序纳入医保基金支付范围;按照国家部署,将适宜的辅助生殖技术项目按程序纳入医保基金支付范围。

各级人民政府和有关部门应当按照国家和本市有关规定,为符合条件的困难妇女提供必要的生育救助;鼓励群团组织、企业事业单位为生活困难的妇女生育提供帮助。

[释义] 本条是关于建立健全妇女生育保障相关制度的规定。

本条是依据《妇女权益保障法》第五十一条精神,结合本市实际情况所制定的创设性条款。

一、关于生育保险

本条第一款和第二款是关于生育保险制度的规定。生育保险是指国家通过一定的手段,筹措一定的基金,对生育子女期间暂时丧失劳动力的职业妇女给予一定的经济和物质的补偿，保障其生活、工作和健康权利的一种社会保险制度。《社会保险法》第五十三条规定："职工应当参加生育保险，由用人单位按照国家规定缴纳生育保险费，职工不缴纳生育保险费。"它具有以下三层含义：

(1) 生育保险一般被用来帮助法定范围内的劳动者应对因生育而导致的两个方面的经济风险：一是怀孕、生产、哺乳期间的医护费用；二是产假和哺育假期间的经济来源。

(2) 生育保险因人口政策的不同而表现出极大的差异，有的鼓励生育，有的控制生育，但都以保证劳动者不致因生育而不能保障基本生活需求为限。

(3) 生育保险是以社会保险为手段来达到保险目的的，但大多数是将妇女作为直接受益者。

在现代社会中，生育保险制度是社会保障制度的重要内容之一。我国《宪法》明确规定："国家建立健全同经济发展水平相适应的社会保障制度。"推行生育保险制度，将使我国的社会保障制度得以健全，使社会成员分享到社会发展的成果。随着中国经济的发展和人类文明的进步，越来越多的妇女走向工作岗位，成为职业女性。这就使得她们既要从事社会生产活动，又要负担生育子女的重任。她们在社会中扮演两种角色，即生产力和劳动力的再生产者。这种双重职能使得享有完善的生育保障成为她们的共同愿望。为了让女性获得系统性支持，本条提出要"健全生育支持政策体系”,并强调改革和完善生育保险制度,它是维护女职工的合法的基本权益,减少和解决女职工在孕产期间因生理特点面临的特殊困难,使她们在生育期间得到必要的经济收入和医疗照顾,帮助她们恢复健康,回到工作岗位,促进社会安定的主要措施之一。

生育保险制度的意义在于,其受益者绝不仅仅是广大妇女,而是全体社会成员。它有以下重要作用:一是维护了女职工生育权益和享受特殊劳动保护的权益,为女性劳动者提供生育津贴、医疗服务,实行强制的产假等措施,保障了她们生育期间的身体健康和基本生活。二是促进了妇女平等就业,化解女职工因生育导致失业或减少工资收入的矛盾,有利于实现男女平等就业、同工同酬目标,促进社会文明进步。三是有利于企业公平竞争,将原来由企业承担的女职工生育费用和事务负担,从企业中分离出来,实行社会共济,减轻女职工相对集中行业、企业的经济负担,为各企业平等参与市场竞争创造条件。

二、建立健全生育保险制度

《上海市实施〈中华人民共和国妇女权益保障法〉办法》制定之前,正是本市国有企业改革不断深化的时期,越来越多的企业职工由“企业人”改为“社会人”,但当时生育保险的管理体制尚不够完善。1995 年在制定《上海市实施〈中华人民共和国妇女权益保障法〉办法》时,在第二十二条规定了“各级人民政府应当逐步建立与完善妇女生育社会保障制度”的内容,该条规定有力地推动了我市妇女生育保健制度的建立。

2001年10月10日,上海市人民政府以第109号令发布了《上海市城镇生育保险办法》,本市的妇女生育保险制度基本成形。2001年10月26日,上海市劳动和社会保障局发布了《〈上海市城镇生育保险办法〉实施细则》,进一步细化了有关生育保险的实施办法和操作程序。

根据这些规定,享受本市生育保险的对象是具有本市城镇户籍并参加本市城镇社会保险的从业或者失业生育妇女。上述妇女凡属计划内怀孕,且在按规定设置的产科、妇科等医疗机构生产或者流产的(包括自然流产和人工流产),都可凭计划内生育的证明、本人身份证和医疗机构出具的生育医学证明,到单位或个人缴费的社会保险经办机构申领生育生活津贴和生育医疗费补贴。有关用人单位,即本市行政区域内的城镇企业、事业单位、国家机关、社会团体、民办非企业单位、个体工商户负有缴纳城镇生育保险费的义务,应当为享受生育保险对象的本单位妇女缴纳城镇生育保险费。

2009年3月30日,为了进一步完善生育保险的有关规定,上海市人民政府对《上海市城镇生育保险办法》进行了第二次修改,相比2004年的规定,重点作出了以下修改:

一是用人单位每月按缴费基数0.5%的比例缴纳城镇生育保险费。个人不缴纳城镇生育保险费。

二是符合计划生育晚育条件的，增加一个月的生育生活津贴。

三是从业妇女的月生育生活津贴标准为本人生产或者流产当月城镇养老保险费缴费基数，当月缴费基数低于上年度全市职工月平均工资的，按照上年度全市职工月平均工资计发；个人缴纳城镇养老保险费不满一年的，月生育生活津贴标准按照上年度全市职工月平均工资计发。失业妇女的月生育生活津贴标准按照上年度全市职工月平均工资计发。

四是提高了生育医疗费补贴，调整后的生育医疗费补贴标准为：(1)妊娠7个月(含7个月)以上生产或者妊娠不满7个月早产的，生育医疗费补贴为3 000元；(2)妊娠3个月(含3个月)以上、7个月以下自然流产的，生育医疗费补贴为500元；(3)妊娠3个月以下自然流产的，生育医疗费补贴为300元。

这项制度尤其惠及了本市失业女性，作为弱势群体的失业女性，她们在生育期间都能得到生活保障和医疗费补贴。例如，2004年9月，一位失业妇女做了妈妈，符合计划生育晚育条件的她，在生产过程中遇上难产。按照有关规定，她能够享受4个半月的生育生活津贴(除规定的3个月外，晚育增加1个月，难产再增加半个月)，每月津贴标准以上年度全市职工月平均工资2 033元为基数，总共可以领取9 149元。另外，她还可以按规定享受3 000元的生育医疗费补贴。

目前,本市已经将参加城保、镇保和参加农保但按城保比例缴费的女性从业人员纳入生育保险范围,但还有少部分农村育龄妇女尚未被纳入。这造成了本市城乡妇女待遇上的不平等。今后应当努力,将参加农保妇女生育也纳入生育保险范围。此外,2022 年 8 月 16 日,国家卫生健康委、国家医保局等十七部门发布《关于进一步完善和落实积极生育支持措施的指导意见》,在“完善生育保险等相关社会保险制度”中提出“有条件的地方可探索参加职工基本医疗保险的灵活就业人员同步参加生育保险。未就业妇女通过参加城乡居民基本医疗保险享受生育医疗待遇。为领取失业保险金人员缴纳职工基本医疗保险费(含生育保险费),保障其生育权益,所需资金从失业保险基金列支”。结合上述指导意见,为解决未就业妇女、领取失业保险金的妇女和灵活就业妇女的生育保障问题,《条例》规定该类人群可以“按照国家和本市相关规定参加基本医疗保险,享受相应的生育待遇”,此举也是本市健全生育支持政策体系、完善生育保障制度的重要举措。

三、将分娩镇痛和辅助生殖技术项目按程序纳入医保基金支付范围

本条第三款中“本市加强生殖健康服务,将分娩镇痛按程序纳入医保基金支付范围;按照国家部署,将适宜的辅助生殖技术项目按程序纳入医保基金支付范围”是本次

修订的新增条款。根据国家卫生健康委等十七部门发布的《关于进一步完善和落实积极生育支持措施的指导意见》提出的“指导地方综合考虑医保(含生育保险)基金可承受能力、相关技术规范性等因素,逐步将适宜的分娩镇痛和辅助生殖技术项目按程序纳入基金支付范围”精神,结合本市实际情况,本条第三款回应了群众对生育保障、生殖健康服务的关切,将适宜的分娩镇痛和辅助生殖技术项目按程序纳入医保基金支付范围。

四、为生活困难的妇女提供生育救助

本条第四款规定:“各级人民政府和有关部门应当按照国家和本市有关规定,为符合条件的困难妇女提供必要的生育救助;鼓励群团组织、企业事业单位为生活困难的妇女生育提供帮助。”生育救助制度是指国家和社会对因生活困难而处于生存困境的女性在其生育时提供物质帮助和医疗服务的制度。本款规定了各级人民政府和有关部门对生活困难妇女进行生育救助的义务。我国大力构建和谐社会,加强社会保障,帮助弱势群体,是各级人民政府义不容辞的责任。经专题调查发现,70%的孕产妇因自我卫生保健意识差、家庭经济收入低等原因,孕期无正规产前检查,有的发生严重的产科合并症或并发症不能得到及时治疗,有的临产后到医院出现危重病情,虽经积极救治仍未能挽回生命,外来孕产妇死亡病例中有三分之二的孕产妇由于非法接生,发生严重的产后大出血后送到医院来不及救治而死亡。对此市卫生健康委采取了积极的救助措施,在本市范围内建立了十家平产点,有效地控制了外来孕产妇的死亡率。

在各级人民政府积极给予困难妇女救助的情况下,《条例》还注意充分发挥社会各方面力量在保障困难妇女生育方面的作用。本条第四款还规定了"鼓励群团组织、企业事业单位为生活困难的妇女生育提供帮助"。除政府部门外,一些社会团体长期以来也一直关注生活困难妇女的生育问题,如市慈善基金会每年都救助一部分生活困难的生育妇女。在构建和谐社会的今天,为了充分发挥社会各方面的力量、体现团结互助的社会理念、营造扶危济困的良好风气,《条例》特别鼓励社会团体、企业、事业单位等为生活困难的妇女奉献爱心,为她们的生育提供力所能及的帮助。

第四十八条 各级人民政府和有关部门应当增加普惠性托育服务供给,提供家庭科学育儿指导服务。

鼓励有条件的用人单位为职工提供托育服务。鼓励社会力量参与托育服务。

[释义] 本条是关于加强托育服务供给的规定。

本条是依据《妇女权益保障法》第五十一条的精神,结合本市实际情况所制定的创设性条款。《中国妇女发展纲要(2021—2030年)》指出,"支持有条件的用人单位为职工提供福利性托育托管服务",并提出了"发展普惠托育服务体系，扩大托育服务供给”的策略措施。上海也致力于加快构建上海托育服务体系，加强托育服务供给的合理布局，增加普惠性托育服务供给，努力让人民群众获得普惠、安全、优质的托育服务。

生育社会保障包括生育保险、生育救助和生育福利。生育保险制度和生育救助制度已经在第四十七条的释义中作了解释。生育福利制度是指国家在女性生育时为其和家庭提供的各种福利制度，包括生育补助金、婴幼儿托育服务等。

目前，“婴幼儿照料”问题既是影响女性生育意愿的重要原因之一，也是导致女职工家庭和工作失衡的重要因素。国家为了促进女性平等就业，实现人口战略目标，积极推进普惠型托育服务点建设，为家庭提供安全、优质、低价的公共托育服务。同时，托育服务应当坚持政府引导、家庭为主、多方参与，才能满足多层次、多元化托育服务需求。因此也要支持幼儿园和机关、企业事业单位、社区提供托育服务，鼓励引导社会力量兴办托育机构。《上海市人口与计划生育条例》第三十五条也对此作出了规定：“市和区人民政府应当综合采取规划、土地、住房、财政、金融、人才等方面措施，建立健全普惠托育服务体系，提高婴幼儿家庭获得服务的可及性和公平性。鼓励和引导社会力量举办托育机构，支持幼儿园和机关、企业、事业单位、社区提供托育服务。托育机构的设置和服务应当符合国家和本市有关标准和规范。托育机构应当向区教育部门备案。”

根据上述法律法规精神和本市现实情况，本条对此作出专门规定，在强调各级人民政府职责的同时，结合本市妇女权益保障工作发展要求，回应社会关注，强化托育服务供给，强调社会各方力量参与。

第六章　财 产 权 益

第四十九条　本市保障妇女享有与男子平等的财产权利。

妇女享有与男子平等的继承权，不得以风俗习惯、婚姻状况等，剥夺妇女依法享有的继承权。

［**释义**］　本条是关于保障妇女享有与男子平等的财产权利、继承权利的一般规定。

本条依据《妇女权益保障法》第五十三条和第五十八条制定。

一、男女平等享有财产权利

本条第一款规定，“本市保障妇女享有与男子平等的财产权利”。妇女享有与男子平等的财产权利，既是男女平等基本国策在财产权利方面的体现，也是保障男女平等基本国策实现的物质基础。我国一向重视对妇女平等财产权利的保护。《宪法》第四十八条第一款规定，“中华人民共和国妇女在政治的、经济的、文化的、社会的和家庭的生活等各方面享有同男子平等的权利”。《民法典》和其他相关法律法规规定，妇女与男子同属自然人范畴，民事权利能力平等，财产权利受法律平等保护。《民法典》在总则编规定自然人的民事权利能力平等。在分编规定，夫妻对共同财产有平等的处理权；继承权男女平等。《中国妇女发展纲要（2021—2030年）》也明确，要保障妇女在家庭关系中的财产所有权、继承权，保障妇女对婚姻家庭关系中的共同财产享有知情权和平等处理权。

财产权是相对于人身权而言的权利类型，指以财产利益为内容，直接体现经济利益的权利，包括物权、债权、继承权以及知识产权中的财产权等。妇女享有与男子平等的财产权利，体现在所有的经济领域和社会生活、家庭生活中，包括财产所有权男女平等，与财产所有权有关的宅基地使用权、土地承包经营权等他物权男女平等，债权男女平等，继承权男女平等，知识产权中的财产权男女平等等。但是由于历史传统、世俗观念的影响，妇女被歧视和妇女财产权益被侵害的现象仍然存在，因此本条开宗明义规定要保障妇女享有与男子平等的财产权利，本市有责任采取措施，保护妇女享有与男子平等的财产权利，消除对妇女的歧视。

二、男女平等享有继承权

本条第二款“妇女享有与男子平等的继承权，不得以风俗习惯、婚姻状况等，剥夺妇女依法享有的继承权”是关于妇女财产继承权的规定。妇女的继承权，是指妇女作为继承人所享有的继承被继承人遗产的权利。我国法律确认妇女享有财产继承权,并且享有与男子平等的继承权。《民法典》继承编、《妇女权益保障法》等法律、法规全面贯彻了男女平等的原则,在继承方式、继承人范围、继承顺序、遗产分配等方面,赋予了妇女在继承遗产时与男子享有平等的继承权。我国《民法典》第一千一百二十六条明确规定"继承权男女平等",确立了在遗产继承方面的基本原则。新的《妇女权益保障法》的规定进一步强化了妇女与男子平等的继承权。妇女无论是健康还是残疾,无论是已婚还是未婚,无论居住在城市还是农村,无论是在职还是待业,均与男子享有同等的继承权。《中国妇女发展纲要(2021—2030年)》也明确,在婚姻家庭和继承案件处理中依法保障妇女的财产权益。保障妇女平等享有家庭财产的占有、使用、收益和处分权利。保障妇女依法享有夫妻互相继承遗产、子女平等继承遗产的权利。

本款对妇女继承权的规定可以从三个方面来理解:

一是法定继承权男女平等。法定继承是继承人的范围、继承顺序和遗产分配原则均由法律直接加以规定的继承制度。法定继承的平等主要体现在:(1)法定继承人的范围男女平等。根据《民法典》第一千一百二十七条规定,法定继承人包括配偶、子女、父母、兄弟姐妹、祖父母、外祖父母,以及对公婆尽了主要赡养义务的丧偶儿媳和对岳父母尽了主要赡养义务的丧偶女婿等,妇女与男子完全平等。(2)法定继承人的继承顺序男女平等。法定继承的第一顺序是配偶、子女、父母;第二顺序是兄弟姐妹、祖父母、外祖父母。在亲等相同的情况下,适用于男性的继承顺序,同样适用于女性;适用于父系的继承顺序,同样适用于母系,如丈夫与妻子、儿子与女儿、父亲与母亲等,同一顺序继承人男女平等。(3)遗产份额男女平等。同一顺序继承人继承遗产的份额,一般应当均等。(4)代位继承权男女平等。被继承人的子女先于被继承人死亡的,由被继承人的子女的直系晚辈血亲代位继承。被继承人的兄弟姐妹先于被继承人死亡的,由被继承人的兄弟姐妹的子女代位继承。代位继承适用于男性,也适用于女性;适用于父系,也适用于母系。

二是遗嘱继承权男女平等。遗嘱继承是继承人按照被继承人合法有效的遗嘱继承被继承人遗产的法律制度。妇女与男子都有按自己的意志依法立遗嘱处分个人财产的权利,也可以接受被继承人指定成为遗嘱继承人,遗嘱继承权男女平等。

三是其他继承规则男女平等。如对生活有特殊困难又缺乏劳动能力的继承人,分配遗产时,应当予以照顾。对被继承人尽了主要扶养义务或者与被继承人共同生活的继承人,分配遗产时,可以多分。有扶养能力和有扶养条件的继承人,不尽扶养义务的,分配遗产时,应当不分或者少分……这些规定均不区分男女,妇女享有与男子平等的继承权。

此外,对于丧偶妇女和丧偶儿媳的继承权,本条虽没有明确指出,但是根据上位法的规定,仍需遵循男女平等的原则。首先,《民法典》第一千一百五十七条规定,夫妻一方死亡后另一方再婚的,有权处分所继承的财产,任何组织或者个人不得干涉。因此,丧偶妇女在继承遗产时,应先对夫妻共同财产进行分割,将夫妻共同所有的财产的一半分出为丧偶妇女所有,其余为被继承人的遗产,丧偶妇女在处分继承的财产时,任何人不得以改嫁、为夫守志等理由干涉。本条第二款也对此作了明确规定:"不得以风俗习惯、婚姻状况等,剥夺妇女依法享有的继承权。"其次,按照我国法律相关规定,丧偶儿媳对公、婆没有法定的赡养义务,也不是公、婆的法定继承人。但是,为了提倡和鼓励家庭成员之间相互扶助、尊敬和赡养老人,发扬中华民族传统美德,我国《民法典》第一千一百二十九条规定,"丧偶儿媳对公婆尽了主要赡养义务的,作为第一顺序继承人"。即如果丧偶儿媳对公婆尽了主要赡养义务的,则其是公婆第一顺序法定继承人。

第五十条 在夫妻共同财产、家庭共有财产关系中,不得侵害妇女依法享有的权益。

妇女对夫妻共同财产享有与其配偶平等的占有、使用、收益、处分的权利,不受双方收入状况等情形的影响。

对夫妻共同所有的不动产以及可以联名登记的动产,

女方有权要求在权属证书上记载其姓名；认为记载的权利人、标的物、权利比例等事项有错误的，有权依法申请更正登记或者异议登记，有关机构应当按照其申请依法办理相应登记手续。

［释义］ 本条是关于不得侵害妇女在夫妻共同财产、家庭共同财产中的合法权益，且保障妇女享有平等权利的规定。

本条是依据《妇女权益保障法》第五十四条和第六十六条制定。

一、夫妻共同财产和家庭共同财产

财产的所有形式可以分为单独所有和共有两种，单独所有是指财产所有权的主体是单一的，共有是指某项财产由两个或两个以上的权利主体共同享有所有权。共有包括按份共有和共同共有。按份共有人对共有的不动产或者动产按照其份额享有所有权，共同共有人对共有的不动产或者动产共同享有所有权。夫妻共有和家庭共有均属于共同共有，其特征是：第一，根据共同关系而产生，以共同关系的存在为前提，即夫妻关系、家庭关系；第二，在共同共有关系存续期间内，共有财产不分份额；第三，在共同共有中，各共有人平等地对共有物享受权利和承担义务。

我国的夫妻共同财产制采用的是婚后所得共同制，即在婚姻关系存续期间，除个人特有财产和夫妻另有约定外，夫妻双方或者一方所得的财产，均归夫妻共同所有，夫妻双方享有平等的占有、使用、收益和处分权的财产制度。根据《民法典》第一千零六十二条的规定，夫妻共同财产的范围包括：(1)工资、奖金、劳务报酬；(2)生产、经营、投资的收益；(3)知识产权的收益；(4)继承或者受赠的财产，但是遗嘱或者赠与合同中确定只归一方的财产除外；(5)其他应当归共同所有的财产。夫妻对共同财产，有平等的处理权。但是，根据《民法典》第一千零六十三条的规定，也有些财产不在夫妻共同财产的范围之内，如一方的婚前财产、一方因受到人身损害获得的赔偿或者补偿、遗嘱或者赠与合同中确定只归一方的财产、一方专用的生活用品、其他应当归一方的财产。

家庭共有财产是指家庭成员在家庭共同生活关系存续期间，共同创造、共同所得的财产。例如，家庭成员交给家庭的财产、家庭成员共同受赠的财产以及在此基础上购置和积累起来的财产等。概言之，家庭共有财产是家庭成员的共同劳动收入和所得。对于几世同堂共同生活的传统家庭，家庭成员包括父母、子女、兄弟姐妹、祖父母与外祖父母、孙子女与外孙子女等，家庭共有财产一般包括所有家庭成员在共同生活期间的劳动收入、积蓄，购置和受赠的财产等；对于夫妻和未成年子女组成的小家庭，此时的家庭共有财产一般也就是夫妻共同财产。家庭共有财产和家庭财产的概念是不同的。家庭财产是指家庭成员共同所有和各自所有的财产的总和,包括家庭成员共同所有的财产、夫妻共同财产和夫妻个人财产、成年子女个人所有的财产、其他家庭成员各自所有的财产等。家庭共有财产则不包括家庭成员各自所有的财产。

二、对妇女合法财产权益的保护

在实践中,相比于男子,夫妻共同财产、家庭共有财产关系中妇女的合法权益比较容易受到侵害。传统习惯中的“男主外、女主内”“重男轻女”等落后思想还没有完全失去影响。在社会生活中,有些妇女长期从事家务劳动、抚育子女,没有经济收入。在有些家庭中,尽管妇女也参加工作,有一定的收入,但其收入要明显少于男子的收入,很多男子是家庭的主要经济来源。

在传统思想和现实经济地位的影响下,主要有以下几种侵害妇女在夫妻共同财产、家庭共有财产中的合法权益的情形:第一,丈夫及其亲属或者男性家庭成员妨碍、干涉妻子或者女性家庭成员依法平等行使对夫妻共同财产和家庭共有财产的占有、使用、收益和处分的权利。第二,丈夫或者男性家庭成员未征得妻子或者女性家庭成员的同意,单方占有、使用、收益和处分夫妻共同财产和家庭共有财产。第三,在夫妻离婚处理夫妻共同财产时,侵害女方的共有财产权。比如男方利用经济优势地位,隐匿共同财产,少分或者不分给女方财产。第四,由于家庭共有财产属于共同共有,共有人都没有明确的份额,因此在分家析产时,容易发生不给或者减少女性家庭成员应得份额的情形。第五,在丈夫去世后处理遗产时,将夫妻共同财产作为被继承人的遗产进行分割,侵害被继承人妻子的财产所有权。

本条第一款是对夫妻共同财产、家庭共有财产关系中妇女合法权益保护的正面表述,表明任何侵害夫妻共同财产、家庭共有财产关系中妇女合法权益的行为都是违法行为。

三、共同财产的平等处理权

本条第二款和第三款是关于对夫妻共同财产平等处理权及不动产权利方面关照妇女的保护性规定,这也是财产关系中的核心问题。

我国法定夫妻财产制是未约定前提下婚后所得共同制。在夫妻共同财产、家庭共有财产关系中,妇女的合法权益表现为不论其收入多少、对共同财产贡献的大小,妇女对共有财产享有与男子同样的权利。男子在使用、收益和处分共有财产时,必须取得妇女的同意;在夫妻共同财产、家庭共有财产关系终止时,妇女享有与男子同等份额的财产权,男子不得隐匿共有财产。《民法典》第一千零六十六条规定:“婚姻关系存续期间存在法定情形的,夫妻一方可以向人民法院请求分割共同财产”;第一千零九十二条规定:“夫妻一方隐藏、转移、变卖、毁损、挥霍夫妻共同财产,或者伪造夫妻共同债务企图侵占另一方财产的,在离婚分割夫妻共同财产时，对该方可以少分或者不分。离婚后，另一方发现有上述行为的，可以向人民法院提起诉讼，请求再次分割夫妻共同财产。”

本条规定是在《民法典》规定夫妻共同财产权利的基础上，对夫妻共同财产的权利行使及房产权利保障进行的进一步明确和补充。

四、妇女对有关财产进行权属登记的权利

随着社会主义市场经济的发展，老百姓拥有的财产种类越来越丰富，金额也越来越巨大，这反映在家庭中就是夫妻双方所有的共同财产种类也越来越多。从法理上讲，对于这些共同财产，夫妻双方享有共同占有、使用、收益和处分的权利，对需要通过登记来彰显权利归属的财产，原则上也应当登记在夫妻双方的名下。但是，在实践中，因登记制度不完善、夫妻基于信任或者夫妻一方家庭地位强势等原因，夫妻双方共同所有的不动产或者可以联名登记的动产常常登记在夫妻一方的名下，且主要是登记在丈夫一方的名下。这就很容易导致不动产或者可以联名登记的动产的记载权利人擅自处分该财产，损害另一方的权益。在现实中，不少妇女因丈夫擅自处分登记的不动产或者动产，财产权益受到了极大损害。为了充分保障妇女在婚姻关系中的财产权益，本条第三款参考了《民法典》第二百二十条的规定，借鉴北京、山东等地方的做法，增加了联名登记的规定，推动相关登记公示制度更加规范完善。

第五十一条 妇女在农村集体经济组织成员身份确认、土地承包经营、集体经济组织收益分配、土地征收补偿安置或者征用补偿以及宅基地使用等方面，享有与男子平等的权利。

申请农村土地承包经营权、宅基地使用权等不动产登记，应当在不动产登记簿和权属证书上将享有权利的妇女等家庭成员全部列明。征收补偿安置或者征用补偿协议应当将享有相关权益的妇女列入，并记载权益内容。

［**释义**］ 本条是关于保护妇女在农村集体经济组织、农村土地等方面相关权益的规定。

本条依据《妇女权益保障法》第五十五条制定。《中国妇女发展纲要(2021—2030年)》也明确，要“保障农村妇女平等享有土地承包经营权、宅基地使用权等权益，平等享有农村集体经济组织收益分配、土地征收或征用安置补偿权益”。

一、妇女在农村集体经济组织、土地相关权益等方面享有与男子平等的权利

本条第一款旨在保障妇女在农村集体经济组织中享有与男子平等的权利，包括农村集体经济组织成员身份确认、土地承包经营、集体经济组织收益分配、土地征收补偿安置或者征用补偿以及宅基地使用权等。

对于农村妇女而言，土地承包经营权、宅基地使用权

以及获得集体经济组织收益和土地征收、征用补偿收益是其重要的财产权益,有必要在财产权益一章作出专门规定,上位法对此也高度重视,2005 年修订的《妇女权益保障法》即明确规定:"妇女在农村土地承包经营、集体经济组织收益分配、土地征收或者征用补偿费使用以及宅基地使用等方面,享有与男子平等的权利。"实践中,该条规定对于维护农村妇女的财产权益起到了积极的作用,为解决农村集体经济组织、土地相关权益争议提供了法律依据。《中国妇女发展纲要(2021—2030)年》明确,保障农村妇女平等享有土地承包经营权、宅基地使用权等权益,平等享有农村集体经济组织收益分配、土地征收或征用安置补偿权益。

集体组织成员身份的确认是保障农村妇女享有集体经济组织各项权益的前提和基础,但在部分地方,出现了将"外嫁女"排除在集体经济组织成员范围之外,或者将妇女折成 0.5 个人头股等情况,严重损害了农村妇女的合法权益。为有效确认集体经济组织成员身份,以推进农村集体产权制度改革,2016 年 12 月中共中央、国务院《关于稳步推进农村集体产权制度改革的意见》(以下简称《意见》)提出,我国农村集体产权制度改革的目标之一就是科学确认农村集体经济组织成员身份,明晰集体所有产权关系,发展新型集体经济。同时,就如何确认农村集体经济组织成员身份作了较为明确的要求:依据有关法律法规,按照尊重历史、兼顾现实、程序规范、群众认可的原则，统筹考虑户籍关系、农村土地承包关系、对集体积累的贡献等因素，协调平衡各方利益，做好农村集体经济组织成员身份确认工作，解决成员边界不清的问题。改革试点中，要探索在群众民主协商基础上确认农村集体经济组织成员的具体程序、标准和管理办法，建立健全农村集体经济组织成员登记备案机制。成员身份的确认既要得到多数人认可，又要防止多数人侵犯少数人权益，切实保护妇女合法权益。提倡农村集体经济组织成员家庭今后的新增人口，通过分享家庭内拥有的集体资产权益的办法，按章程获得集体资产份额和集体成员身份。《意见》出台后，各地按照《意见》提出的集体经济组织成员身份确认的基本原则，结合当地实际情况，陆续制定出台了本地关于集体经济组织成员身份认定的规范性文件等。为在推进农村产权制度改革过程中切实维护农村妇女的合法权益，2021 年 4 月中央农办、农业农村部会同有关部门出台的《关于扎实做好当前重点工作如期完成农村集体产权制度改革阶段性任务的通知》提出，各地要充分认识农村集体产权制度改革中维护农村妇女合法权益的重要性，加强组织协调，采取有效措施，抓实抓牢农村妇女权益维护工作；深入排查成员身份确认中妇女在娘家婆家“两头空”“两头占”的问题，重点检查离婚、丧偶妇女等群体成员身份确认情况。因此，本条款依据上位法增加了“妇女在农村集体经济组织成员身份确认”方面享有与男子平等的权利。

二、在登记证书和补偿协议中保障妇女的权益

基于不动产登记所具有的统一性、权威性和公开性等特征，在不动产登记证书或者相关权属证书上列明权利主体，其权利具有了公示力和排他力，其利益能够获得长期和稳定的保障，在实践中，地方人民政府登记机构颁发的土地承包经营权证等权属证书，一般只记载户主的名字，没有其他家庭成员的名字。承包期内家庭成员变化，特别是农村妇女结婚、离婚、丧偶时，因为土地经营权证等权属证书并未记载全部家庭成员，经常发生土地承包经营权纠纷或者征收、征用承包地的补偿费分配争议，损害了农村妇女的土地承包权益。对此，2015 年 1 月农业部、中央农办等六部门发布《关于认真做好农村土地承包经营权确权登记颁证工作的意见》明确提出，承包经营权证书载明的户主或共有人，要体现男女平等的原则，切实保护妇女土地承包权益。2017 年 3 月农业部《关于加快推进农村承包地确权登记颁证工作的通知》进一步强调，保护好妇女土地承包权益，真正做到登记簿和证书上有其名。在上述文件规定基础上，2018 年修改后的《农村土地承包法》增加规定：土地承包经营权证或者林权证等证书应当将具有土地承包经营权的全部家庭成员列入。2021 年 4 月中央农办、农业农村部会同有关部门出台的《关于扎实做好当前重点工作如期完成农村集体产权制度改革阶段性任务的通知》

再次提出,要规范农村集体经济组织成员(含份额、股份)证书内容,做到已确认为农村集体经济组织成员的妇女"证上有名、名下有权"。因此,结合上述规定,本条第二款进一步明确:申请农村土地承包经营权、宅基地使用权等不动产登记,应当在不动产登记簿和权属证书上将享有权利的妇女等家庭成员全部列明。同时,鉴于实践中由于权益主体不明,导致产生土地征收补偿安置和征用补偿争议,损害农村妇女合法权益的情况时有发生,第二款专门增加规定:征收补偿安置或者征用补偿协议应当将享有权益的妇女列入,并记载权益内容。

第五十二条 村民自治章程、村规民约,村民会议、村民代表会议的决定以及其他涉及村民利益事项的决定,不得以妇女未婚、结婚、离婚、丧偶、户无男性等为由,侵害妇女在农村集体经济组织中的各项权益。

乡镇人民政府、街道办事处应当对村民自治章程、村规民约,村民会议、村民代表会议的决定以及其他涉及村民利益事项的决定进行指导,对其中违反相关法律、法规和国家政策规定,侵害妇女合法权益的内容责令改正。

[释义] 本条是关于保护妇女在农村集体经济组织中权益和开展合规性指导的规定。

本条是依据《妇女权益保障法》第五十六条,并结合本市实际情况所制定的创设性条款,其中第二款新增乡镇人民政府、街道办事处开展合规性指导的责任。

一、禁止侵害妇女在农村集体经济组织中的权益

本条第一款是禁止性规定，禁止侵害妇女在农村集体经济组织中的各项权益。妇女在农村集体经济组织中的财产权益主要包括土地承包经营权益、集体经济组织收益分配权、土地征收或者征用补偿费用分配权、宅基地使用权等。例如《农村土地承包法》就规定："承包中应当保护妇女的合法权益，任何组织和个人不得剥夺、侵害妇女应当享有的土地承包经营权。"同时规定："承包期内，妇女结婚，在新居住地未取得承包地的，发包方不得收回其原承包地；妇女离婚或者丧偶，仍在原居住地生活或者不在原居住地生活但在新居住地未取得承包地的，发包方不得收回其原承包地。"但实践中，农村妇女的上述权益经常在婚姻状况发生变化时受到损害，特别在外嫁女问题上。主要情形有：富裕地方的农村妇女出嫁到相对较穷的农村，不愿意将户口迁出；农村妇女出嫁到城市或港澳地区，由于户籍管理的限制不能迁出；因离婚、丧偶等原因户口已迁出的农村妇女将户口重新迁回原户籍地等。有的外嫁女丧失了土地承包经营权、宅基地使用权，有的外嫁女尽管保留了上述权益，但限于村规民约的规定，不能享受股份分红、集体福利等。村民大会或村民委员会通过村规民约、村民自治章程或者其他决议剥夺或者限制农村妇女在农村集体经济组织中的各项合法权益。针对上述情况，本款作出明确规定，禁止通过村民自治章程、村规民约、村民

会议、村民代表会议的决定及其他涉及村民利益事项的决定，以妇女未婚、结婚、离婚、丧偶、户无男性等为由，侵害妇女在农村集体经济组织中的各项权益。本款为维护农村妇女在农村集体经济组织中平等享有各项权益，解决农村外嫁女、离婚丧偶儿媳等现实问题提供了法律依据。同时，它是一项禁止性规定，禁止任何侵害农村妇女平等的土地承包经营权益及相关权利的行为，与本条例第五十一条从正反两方面合力保障农村妇女平等享有土地承包经营、集体经济组织收益分配、土地征收补偿安置或者征用补偿费用以及宅基地使用等方面的权利，适用法律时应注意将两个条文结合使用。

二、乡镇人民政府、街道办事处的合规性指导

《中国妇女发展纲要(2021—2030 年)》指出，“应畅通经济权益受侵害农村妇女的维权渠道”。本条第二款明确了乡镇人民政府、街道办事处开展合规性指导的责任，是结合本市妇女权益保障实际，对群众关注的回应。另外，除了行政手段的提前干预，《民法典》第二百六十五条第二款规定，“农村集体经济组织、村民委员会或者其负责人作出的决定侵害集体成员合法权益的，受侵害的集体成员可以请求人民法院予以撤销”，该条款也为权益受侵害的农村妇女提供了救济途径。

第七章　婚姻家庭权益

第五十三条　本市保障妇女享有与男子平等的婚姻

家庭权利。

[释义] 本条是关于婚姻家庭中男女平等的一般性规定。

本条依据《妇女权益保障法》第六十条制定。本条是就婚姻家庭中男女平等的一般性规定。男女平等是维护婚姻幸福、家庭和睦的基本准则。在传统家庭中,男尊女卑现象时有发生,妇女不被家庭所重视,妇女的婚姻自由等基本权利常常掌握在女方家长手中。在组建家庭后,妇女受歧视现象也时有发生,妇女在家庭中处于弱势一方,妇女的劳动权、财产权等基本权利得不到保障,不仅损害妇女的身体和精神健康,也对家庭结构造成不小的损害。通过立法确认男女平等的基本准则,有助于帮助妇女从婚姻家庭中的不平等地位脱离出来,保障妇女的基本权利。

婚姻家庭权利,是指民事主体基于婚姻家庭关系而享有的民事权利和利益。婚姻家庭权利包括依婚姻家庭关系而产生的人身方面的权利,如婚姻自主权、对未成年人的监护权等,还包括依婚姻家庭关系而产生的财产方面的权利,如对家庭财产的占有、使用、收益和处分,对家庭成员财产的继承权等。男女婚姻家庭权利平等是男女平等在婚姻家庭领域中的体现,是建立美满婚姻关系和发展和睦的家庭生活的重要保障。我国法律对男女婚姻家庭权利平等进行了详细规定。《宪法》第四十八条规定,“中华人民共和国妇女在政治的、经济的、文化的、社会的和家庭的生活等各方面享有同男子平等的权利”。我国《宪法》对妇女的平等权利进行了原则性规定，确认女子在家庭中享有同男子平等的权利。《民法典》第一千零五十五条规定，“夫妻在婚姻家庭中地位平等”。《妇女权益保障法》第六十条规定，“国家保障妇女享有与男子平等的婚姻家庭权利”。《妇女权益保障法》不仅确认男女在家庭中享有平等的权利，还进一步表明国家的保障义务，为男女平等提供相应措施和制度以保障男女平等。

妇女享有的与男子平等的婚姻家庭权利的主要内容包括以下四个方面：

第一，婚姻方面男女平等。女性在实施结婚、离婚等民事行为时享有与男性平等的权利。例如男女双方在结婚时应完全自愿，不受任何组织和个人的强迫或干涉。男女双方皆享有提出离婚的权利，以及离婚后男女双方都有抚养子女、分割共同财产、清偿共同债务等方面的权利和义务，而不得转嫁于某一方。

第二，人身和财产关系平等。男女双方虽已成为夫妻关系，但并不意味着一方向另一方的完全依附，他们仍是独立的个体，享有平等的人身财产关系。夫妻关系包括人身和财产关系两个方面。人身关系主要包括夫妻双方都有使用自己姓名的权利，都有参加学习、劳动以及社会文化生活方面的权利。财产关系主要包括对共同财产的使用和处分、共同债务的清偿以及相互继承遗产的权利。

第三，家庭成员的法律地位平等。父母有抚育子女的权利和义务的同时，也有受子女赡养的权利；子女享有要求父母抚育的权利的同时，也有赡养父母的义务。此外在父母子女间继承权平等。

第四，特殊时期的实质平等。特殊时期是指在怀孕期间、分娩后一年内以及终止妊娠六个月内，若提起离婚诉讼将对妇女和儿童的切身权益造成侵害的时期。法律规定在特殊时期，男方不得提出离婚，女方提出离婚或者法院认为确有必要受理的除外。在特殊时期对男方离婚诉讼权的限制正是为了保证女方处于特殊时期权益不被侵害，保证女方在该时期可以正常的生活。法律通过限制男方离婚诉讼权达到一种实质上的平等。

第五十四条 **各级人民政府及相关部门应当把妇女权益保障作为家庭教育工作的重要内容，为家庭提供婚姻家庭教育指导服务，引导建立平等、和睦、文明的婚姻家庭关系。**

［释义］ 本条是关于妇女权益保障作为家庭教育重要内容的规定。

本条是依据上位法的精神，结合本市实际情况所制定的创设性条款。党的十八大以来，习近平总书记发出了注重家庭、家教、家风的动员令，就家庭教育作出了一系列重要论述。党的十九大、党的十九届四中全会、党的十九届五中全会、党的二十大分别从社会主义核心价值观的培育、立德树人建构终身教育体系、建立基层社会治理新格局和铸就社会主义文化新辉煌等各个层面提出要加强家庭家教家风建设。《家庭教育促进法》则是落实党和国家有关家庭、家教、家风战略的具体体现。但《家庭教育促进法》中的家庭教育仅限于亲职教育。将妇女权益保障作为家庭教育的重要内容,是拓展家庭教育立法的有益尝试,有助于家庭成员认识到妇女在家庭中的地位、重要作用,使家庭成员尊重妇女的意志和权利,有助于维护平等、和睦、文明的婚姻家庭关系。各级人民政府及其相关部门为家庭提供婚姻家庭教育指导服务,引导建立平等、和睦、文明的婚姻家庭关系,有助于对妇女权益缺乏正确认知的家庭明确妇女在家庭中的基本权益,提升家庭成员的个体素质,树立优良家风,弘扬家庭美德。

一、关于把妇女权益保障作为家庭教育工作的重要内容

本条贯彻落实党中央高度重视家庭教育的指示,新增各级人民政府及其相关部门要将妇女权益保障作为家庭教育工作的重要内容,做好家庭教育指导工作。《民法典》第一千零四十三条规定:“家庭应当树立优良家风,弘扬家庭美德,重视家庭文明建设。夫妻应当互相忠实,互相尊重,互相关爱;家庭成员应当敬老爱幼,互相帮助,维护平等、和睦、文明的婚姻家庭关系。”《民法典》中关于家风的规定为家庭教育中妇女权益保障提供了基本思路。《家庭教育促进法》第六条规定，“各级人民政府指导家庭教育工作，建立健全家庭学校社会协同育人机制。县级以上人民政府负责妇女儿童工作的机构，组织、协调、指导、督促有关部门做好家庭教育工作”。

《妇女权益保障法》第六十三条规定，“婚姻登记机关应当提供婚姻家庭辅导服务，引导当事人建立平等、和睦、文明的婚姻家庭关系”。《条例》在充分理解法律条文原意的基础上将《民法典》《妇女权益保障法》《家庭教育促进法》的相关内容进行衔接、融合，将妇女权益保障作为家庭教育的重要内容，并由各级人民政府及其相关部门开展家庭教育指导工作，扩展了妇女权益保障的宣传路径和实现路径，更好地保护妇女的应有权益。

二、关于婚姻家庭教育指导服务

婚姻家庭教育指导服务主要内容为开展婚前培训。对申请登记的男女双方进行法律教育，宣传《民法典》《妇女权益保障法》《反家庭暴力法》《家庭教育促进法》等法律的相关规定，使男女双方明确婚后的权利与义务，帮助其做好心理准备，提供相应的心理咨询服务，提供解决家庭矛盾问题的方法技巧，对情感危机进行干预和调节。除开展婚姻家庭教育指导服务外，各级人民政府及相关部门还应建立常规配套性的婚姻家庭指导服务机构。婚姻家庭指导服务机构除由政府相关部门的专业人员组成外，还应鼓励社会组织和机构参与、指导和提供家庭教育服务工作，与心理专家、婚姻咨询师、家事法学者等具有专业知识的人员一同为婚姻双方提供法律咨询、情感辅导、纠纷调解等服务。

第五十五条 妇女的婚姻自主权不受侵犯。禁止任何组织和个人干涉妇女结婚、离婚自由。

女方在怀孕期间、分娩后一年内或者终止妊娠后六个月内，男方不得提出离婚；但是，女方提出离婚或者人民法院认为确有必要受理男方离婚请求的除外。男方不得在夫妻分居、离婚冷静期、离婚诉讼期间，侵害、限制女方的人身权益和人身自由。

［释义］ 本条是关于妇女的婚姻自主权、在特殊时期对女性特殊保护的规定。

本条依据《妇女权益保障法》第六十一条、第六十四条制定。《妇女权益保障法》第六十一条规定，“国家保护妇女的婚姻自主权。禁止干涉妇女的结婚、离婚自由”。第六十四条规定，“女方在怀孕期间、分娩后一年内或者终止妊娠后六个月内，男方不得提出离婚；但是，女方提出离婚或者人民法院认为确有必要受理男方离婚请求的除外”。除《妇女权益保障法》规定了妇女的婚姻自主权、特殊时期限制男方离婚诉讼权外，《民法典》也对此作了相关规定。《民法典》明确规定公民享有婚姻自主权。《民法典》第一百一十条规定：“自然人享有生命权、身体权、健康权、姓名权、肖像权、名誉权、荣誉权、隐私权、婚姻自主权等权利。

法人、非法人组织享有名称权、名誉权和荣誉权。”《民法典》除对公民的婚姻自主权进行明确规定外，还禁止干涉妇女婚姻自由的行为。《民法典》第一千零四十二条规定：“禁止包办、买卖婚姻和其他干涉婚姻自由的行为。禁止借婚姻索取财物。”《民法典》第一千零四十六条规定：“结婚应当男女双方完全自愿，禁止任何一方对另一方加以强迫，禁止任何组织或者个人加以干涉。”《民法典》《妇女权益保障法》有效地减少了不尊重女性意志的强迫或干涉女性婚姻自由的行为，保障了妇女在婚姻中的基本权利，也避免了后续在家庭中所产生的违法犯罪行为。

此外，《条例》依据上位法的精神，结合本市实际情况新增了“男方不得在夫妻分居、离婚冷静期、离婚诉讼期间，侵害和限制女方的人身权利和行动自由”，与《条例》第二十三条进行衔接。《条例》第二十三条只规定了禁止以恋爱、交友为由或者在终止恋爱关系、离婚之后侵害妇女人身和人格权益，在夫妻分居、离婚冷静期、离婚诉讼期间保障妇女的人身权利和行动自由，可对妇女在恋爱、婚姻中以及离婚后的人身和人格权益进行全周期的保护，防止妇女的生命权、健康权、隐私权等人身权益和人身自由受到侵害。

一、关于婚姻自主权的规定

婚姻自主权的内容主要包括结婚自由和离婚自由两个方面。结婚自由是指缔结婚姻关系的自由，即由当事人自己决定是否结婚、与谁结婚而不受其他任何组织和个人的强迫或干涉。离婚自由是指解除婚姻关系的自由，在感情关系确已破裂时，双方均可提出离婚，任何组织和个人不应强迫或干涉。婚姻自主权是《宪法》赋予公民的基本权利。妇女作为我国公民享有婚姻自由的权利，任何组织或个人不得强迫或干涉。依据我国传统观点，爱情是婚姻的基础，而男女双方是否拥有爱情以及是否可以结婚只能由男女双方确定，其他任何形式的强迫或干涉都是对女性婚姻自主权的侵犯。法律对女性婚姻自主权的确定，有助于保障女性的结婚和离婚自由，防止包办、买卖婚姻和其他干涉婚姻自由的行为发生。

二、关于在特殊时期限制男性离婚诉讼权的规定

当女方处于特殊时期，男方不得提出离婚是为了保护女方、胎儿以及婴幼儿的合法权利，体现了对妇女等弱势群体的特殊保护，一定程度上体现了实质正义。从身体生理健康来看，女方在怀孕期间、分娩后一年内以及终止妊娠六个月内等特殊时期，需要男方及亲属的悉心照料。此外在精神心理健康上，妇女经历怀孕、生育或妊娠终止的痛苦以及生活不便，如若未得到悉心照料和心理健康辅导，容易患上产后抑郁症等一系列精神心理问题。在特殊时期离婚，无疑会对妇女、胎儿以及婴幼儿造成巨大的身心伤害。法律对此进行规定是《宪法》中优待妇女儿童规定的具体体现，同时也是人道主义的体现。

《妇女权益保障法》第六十四条规定,“女方在怀孕期间、分娩后一年内或者终止妊娠后六个月内,男方不得提出离婚;但是,女方提出离婚或者人民法院认为确有必要受理男方离婚请求的除外”。明确该条文含义需要对相关概念进行辨析。首先是特殊时期的界定,特殊时期包括怀孕期间、分娩后一年内以及终止妊娠后六个月内三种情形。怀孕期间是指妇女从怀孕到分娩或终止妊娠的一段时期。受孕既包括自然受孕也包括人工受孕,分娩包括顺产和剖腹产。分娩后一年内是指胎儿脱离母体后独立存在的一段时期。分娩包括胎儿的顺产和剖腹产,无论胎儿从母体脱离后是否存活,只要有分娩事实男方在分娩后一年内就不得提出离婚。最后是终止妊娠后六个月内,终止妊娠是指胎儿在母体内发育生长过程的终止,包括自然终止和人工终止。自然终止是指胎儿或母亲患有严重疾病导致的妊娠终止。人工终止是指借助人工辅助的妊娠终止。此外,特殊时期限制男方离婚请求权并非剥夺该权利,而是推迟其权利的实现,待特殊时期后男方的离婚诉讼权将自行恢复。另外,对男方特殊时期离婚诉讼权的限制具有两种特殊情况:女方自己提出离婚;法院认为确有必要受理男方离婚请求的除外。

三、关于在夫妻分居、离婚冷静期、离婚诉讼期间保障女性人身权益和人身自由的规定

夫妻分居是指夫妻双方在继续维持其夫妻关系的情

况下，停止共同生活，并各自建立属于自己的生活方式的状况。夫妻分居满足以下条件可作为确认感情确已破裂进行诉讼离婚的理由。首先必须是因感情不和而分居。其次分居必须是连续的，且已满两年。再次夫妻分居的实质是互不履行夫妻性生活之义务。最后“夫妻分居满两年”须以证据证明。《民法典》第一千零七十七条对离婚冷静期进行了规定：“自婚姻登记机关收到离婚登记申请之日起三十日内，任何一方不愿意离婚的，可以向婚姻登记机关撤回离婚登记申请。”需要说明的是离婚冷静期只适用于协议离婚而不适用于诉讼离婚。在夫妻分居、离婚冷静期及离婚诉讼期间，男女双方关系实质上已破裂，这时某一方因报复等因素所实施的侵害、限制女方的人身权益和人身自由行为，会给另一方造成巨大的身心伤害。法律对其进行规定保障了女性在特殊时期的权益，避免其受到进一步的精神或人身伤害。

第五十六条 鼓励男女双方在结婚登记前，共同进行医学检查或者相关健康体检。

[释义] 本条是关于婚前检查的规定。

本条依据《妇女权益保障法》第六十二条制定。该条规定，“国家鼓励男女双方在结婚登记前，共同进行医学检查或者相关健康体检”。1994年《婚姻登记管理条例》第九条第三款规定：“在实行婚前健康检查的地方，申请结婚登记的当事人，必须到指定的医疗保健机构进行婚前健康检查,向婚姻登记管理机关提交婚前健康检查证明。”2003年8月8日公布的《婚姻登记条例》,对其进行了修改,内地居民办理结婚登记需要提交的有关证件中,不再包括“婚前医学检查证明”,这意味着强制婚检制度被取消。强制婚检制度取消后,一些未进行婚前检查的夫妻因在婚后发现其中一方或双方有疾病而产生矛盾,造成家庭不和睦,甚至出现违法犯罪事件。国家鼓励并为男女双方提供相应的检查服务,使双方知晓对方及其本身是否有疾病,防止疾病婚或婚后因疾病问题造成家庭不和睦,维护和保障双方当事人健康权益。

婚前医学检查或者相关健康体检是婚前保健及生育全程服务的重要内容,对于预防出生缺陷、提高婚育质量和出生人口素质具有重要作用,通过婚前医学检查或者相关健康体检能及早发现影响婚育的疾病,维护男女双方健康权益,保障母婴健康,促进家庭幸福和谐。为促进婚前男女双方主动进行医学检查或者相关健康体检,国家采取一系列措施积极保障妇女的婚前检查权益。国家卫生健康委于2020年发布《关于统筹推进婚前孕前保健工作的通知》,提出要“加强统筹协调和部门协作,科学优化婚前医学检查场所布局及服务流程,……鼓励各地改革创新、借鉴经验,通过实施政府民生实事、纳入公共卫生服务项目等多种途径,推进免费婚检和政策普惠,不断提高婚检率和婚检人群受益面”。

除国家采取措施积极保障妇女婚前检查权益外，更要加强个人对婚前检查的认识，提高妇女自我保护的意识。实际上，即将结婚的双方进行婚前检查既是对自己的负责，也是对另一方的负责。很多隐性疾病是人们察觉不到的，在婚前进行医学检查或相关健康体检可以及时发现隐性疾病，针对具体病况进行治疗，有助于防止疾病婚或其他违法婚姻的发生，也有助于抑制某些隐形冲突，防止违法行为扩张。主动履行健康状况告知义务，可维护和保障婚姻当事人健康权益。

第五十七条 妇女依法享有生育子女的权利，也有不生育子女的自由。

［释义］ 本条是关于妇女生育权的规定。

本条依据《妇女权益保障法》第三十二条制定。该条规定，“妇女依法享有生育子女的权利，也有不生育子女的自由”。生育子女是妇女所拥有的一项基本权利，也是《宪法》和《民法典》所予以确认的法定权利。生育权作为一项人格权，并不以婚姻关系的产生发生变更，妇女作为独立的个体享有独立的人格，任何人不得强迫或干涉妇女生育子女的权利，妇女有权决定自己是否生育、何时生育、生育数量及生育间隔。将妇女生育权放在婚姻家庭权益中进行规定是基于在家庭中强调妇女生育权的考虑。受传统思想观念的影响，在某些家庭中，妇女的生育权利得不到很好的保障，常常被忽视或剥夺，有的甚至沦为夫家的生育工具。因此，针对这种情况，本条将妇女生育自由权放入婚姻家庭权益进行保护，强调在婚姻家庭中的妇女生育自由。法律对妇女的生育权进行确认，排除了他人对妇女生育自由意志的强迫或干涉，避免在家庭中处于弱势地位的妇女受他人强迫或干涉而生育子女。

妇女的生育权应当包括妇女的生育请求权、生育决定权、生育时间与方式选择权和生育知情权。妇女的生育请求权是指夫妻之间妻子有请求自己的配偶帮助自己进行生育的权利。妇女的生育决定权是指妇女有决定自己是否生育的权利，包括生育的自由和不生育的自由。妇女的生育时间与方式选择权是指妇女有权自由选择生育的时间与方式。妇女的生育知情权是指妇女有权在合法范围内从对方或医疗卫生机构等处获知与自身生育有关的一切信息。

第五十八条 各级人民政府和有关部门应当把预防和制止家庭暴力工作纳入本地区、本单位平安建设工作范围。

司法行政机关应当将婚姻家庭纠纷人民调解工作纳入公共法律服务体系。妇女联合会会同司法行政等部门做好婚姻家庭纠纷预防化解工作。人民调解组织应当积极参与预防和制止家庭暴力，做好调解工作。

［释义］ 本条是将家庭暴力和家事矛盾纳入平安建设和公共法律服务体系的规定。

本条是依据上位法的精神，结合本市实际情况所制定的创设性条款。

一、关于家庭暴力

家庭暴力是指家庭成员之间以殴打、捆绑、残害、限制人身自由以及经常性谩骂、恐吓等方式实施的身体、精神等侵害行为。《民法典》对家庭成员进行了明确界定，《民法典》第一千零四十五条规定："亲属包括配偶、血亲和姻亲。配偶、父母、子女、兄弟姐妹、祖父母、外祖父母、孙子女、外孙子女为近亲属。配偶、父母、子女和其他共同生活的近亲属为家庭成员。"除了以殴打、捆绑、残害、限制人身自由以及经常性谩骂、恐吓等方式实施的身体、精神等传统的侵害行为外，一些通常不被认为是家暴的侵害行为也属于家庭暴力，家庭成员之间以冻饿或者经常性侮辱、诽谤、威胁、跟踪、骚扰等方式实施的身体或者精神侵害行为，应当认定为《反家庭暴力法》第二条规定的"家庭暴力"。

家庭暴力通常发生在家庭内，由于家庭的私域性，使得家庭暴力具有一定的隐蔽性与复杂性，他人通常不知道家庭暴力的发生。家庭暴力不仅损害受害人的身心健康，还会对未成年子女的生长带来重大的消极作用，进而影响婚姻家庭关系和社会和谐稳定。法律规定各级人民政府及其有关部门做好预防和制止家庭暴力工作，可保障受害人的身心健康，维护受害人以及未成年子女的权益，维护家庭和谐。

二、关于平安建设工作

平安建设工作是新形势下加强社会治安综合治理工作的新举措，包括社会治安大防控、突出治安问题大整治、矛盾纠纷大化解、政法队伍大建设等工作。将家庭暴力纳入平安建设工作，成为有关部门的考核目标，更能提升有关部门和执法人员的积极性，预防和制止家庭暴力的发生，保障当事人的身心健康。

三、关于司法行政机关、妇联、人民调解组织的有关规定

《反家庭暴力法》第四条规定："县级以上人民政府负责妇女儿童工作的机构，负责组织、协调、指导、督促有关部门做好反家庭暴力工作。县级以上人民政府有关部门、司法机关、人民团体、社会组织、居民委员会、村民委员会、企业事业单位，应当依照本法和有关法律规定，做好反家庭暴力工作。各级人民政府应当对反家庭暴力工作给予必要的经费保障。"《反家庭暴力法》明确了国家机关和社会主体在反家庭暴力工作中的工作内容和法律义务。

公共法律服务体系是行政机关向社会提供公共服务的一项服务措施，司法行政机关应当将婚姻家庭纠纷人民调解工作纳入公共法律服务体系，为婚姻家庭纠纷提供专业的法律支持。《关于加强本市婚姻家庭纠纷预防化解工作的意见》第五条规定："在各区建立健全婚姻家庭纠纷专业性人民调解组织，并纳入本区的公共法律服务体系建设，鼓励婚姻家庭纠纷人民调解组织与专业人民调解中心建立对接。”

妇联与人民调解组织的职责是相辅相成的。妇联会同司法行政等部门做好婚姻家庭纠纷预防化解工作，做好预防家庭纠纷产生的宣传工作，教导家庭成员采取理性的方式对待家庭纠纷，避免违法犯罪现象的发生，在家庭纠纷出现后应及时有效地采取措施，化解家庭纠纷矛盾。人民调解组织应当积极参与预防和制止家庭暴力，在家庭纠纷发生前后积极与当事人商谈，缓解当事人情绪，做好调解工作，防止家庭暴力的发生。此外还应建立多层级的家庭暴力反馈机制。反对家庭暴力不只是家庭和政府的任务，也是有关社会组织所要履行的义务。学校、幼儿园、医疗机构、居委会、村委会、社会工作服务机构、救助管理机构、福利机构及其工作人员，若在工作中发现无民事行为能力人、限制民事行为能力人遭受家暴或疑似遭受家暴，须及时向公安机关报告，公安机关要对报案人的信息保密。

第五十九条 公安机关应当将家庭暴力案件纳入接警受理范围，及时出警，对正在实施的家庭暴力应当及时制止，做好调查取证工作。对家庭暴力情节较轻，依法不给予治安管理处罚的，对加害人给予批评教育或者出具告诫书。

妇女因遭受家庭暴力或者面临家庭暴力的现实危险，向人民法院申请人身安全保护令的，人民法院应当依法受理。符合法定条件的，人民法院应当作出人身安全保护令。

[释义] 本条是关于家庭暴力的处置及人身安全保护令的规定。

一、关于公安机关的职责规定

对于遭遇家庭暴力的当事人来说，通过报警请求公安机关帮助通常是最为及时有效的方法，公安机关自身所具有的威慑性可以很好地遏制当事人实施家庭暴力。公安机关将家庭暴力案件纳入接警受理范围，在接到报警电话后，及时出警，制止正在实施的家庭暴力，根据不同情况作出相应的治安管理处罚。《反家庭暴力法》第十五条规定："公安机关接到家庭暴力报案后应当及时出警，制止家庭暴力，按照有关规定调查取证，协助受害人就医、鉴定伤情。无民事行为能力人、限制民事行为能力人因家庭暴力身体受到严重伤害、面临人身安全威胁或者处于无人照料等危险状态的，公安机关应当通知并协助民政部门将其安置到临时庇护场所、救助管理机构或者福利机构。"

家庭暴力告诫书是指公安机关对情节轻微不构成治安处罚的家庭暴力行为，督促加害人改正而作出的行政指导意见。《反家庭暴力法》第十六条规定："家庭暴力情节较轻，依法不给予治安管理处罚的，由公安机关对加害人给予批评教育或者出具告诫书。告诫书应当包括加害人的身份信息、家庭暴力的事实陈述、禁止加害人实施家庭暴力等内容。”《治安管理处罚法》和《刑法》等法律规定了家庭暴力施暴者的行政责任和刑事责任,但其适用往往要求家庭暴力达到一定的严重程度。实践中大量存在的家庭暴力行为因为达不到行政处罚或者刑事制裁的伤害标准而处于公权力无法干预的状态,相当多的施暴者因此而有恃无恐并逐步升级,这在一定程度上助长了家庭暴力行为的发生。将达不到行政处罚程度的轻微家庭暴力行为纳入规制范围,为公安机关依法处理提供了依据,有利于化解受害人的困境。人民法院在审理家庭暴力案件时,对于公安机关出具的出警记录、告诫书,鉴定机构出具的伤情鉴定意见,可以直接作为证据予以认定,使得“家暴”类案件的举证难问题得以改善。

二、关于人身安全保护令的有关规定

《反家庭暴力法》第二十三条规定:“当事人因遭受家庭暴力或者面临家庭暴力的现实危险,向人民法院申请人身安全保护令的,人民法院应当受理。”若想准确适用该条文,需要对人身安全保护令的条件、可采取的制止措施以及申请证据进行明确。

第一,作出人身安全保护令应当具备下列条件:有明确的被申请人;有具体的请求;遭受家庭暴力或者面临家庭暴力现实危险。同时根据《反家庭暴力法》第二十三条第二款的规定，当事人是无民事行为能力人、限制民事行为能力人，或因受到强制、威吓等原因无法申请的，其近亲属、公安机关、妇联、村委会、居委会、救助管理机构可以代受害人向法院提出人身安全保护令申请。申请人可以向申请人或者被申请人居住地、家庭暴力发生地的基层人民法院申请人身安全保护令。

第二，人身安全保护令可采取的制止措施。《反家庭暴力法》第二十九条第四项规定的“保护申请人人身安全的其他措施”可以包括下列措施：禁止被申请人以电话、短信、即时通信工具、电子邮件等方式侮辱、诽谤、威胁申请人及其相关近亲属；禁止被申请人在申请人及其相关近亲属的住所、学校、工作单位等经常出入场所的一定范围内从事可能影响申请人及其相关近亲属正常生活、学习、工作的活动。

第三，人身安全保护令案件中，人民法院根据相关证据，认为申请人存在较大可能遭受家庭暴力或者面临家庭暴力现实危险的，可以依法作出人身安全保护令。“相关证据”包括：(1)当事人的陈述；(2)公安机关出具的家庭暴力告诫书、行政处罚决定书；(3)公安机关的出警记录、讯问笔录、询问笔录、接警记录、报警回执等；(4)被申请人曾出具的悔过书或者保证书等；(5)记录家庭暴力发生或者解决过程等的视听资料；(6)被申请人与申请人或者其近亲属之间的电话录音、短信、即时通信信息、电子邮件等；

(7)医疗机构的诊疗记录;(8)申请人或者被申请人所在单位、民政部门、居委会、村委会、妇联、残联、未成年人保护组织、依法设立的老年人组织、救助管理机构、反家暴社会公益机构等单位收到投诉、反映或者求助的记录;(9)未成年子女提供的与其年龄、智力相适应的证言或者亲友、邻居等其他证人证言;(10)伤情鉴定意见;(11)其他能够证明申请人遭受家庭暴力或者面临家庭暴力现实危险的证据。

第六十条　离婚时,夫妻的共同财产由双方协议处理。协议不成的,由人民法院根据财产的具体情况,按照照顾子女、女方和无过错方权益的原则判决。

离婚诉讼期间,夫妻一方申请查询登记在对方名下财产状况且确因客观原因不能自行收集的,人民法院应当进行调查取证,有关部门和单位应当予以协助。

离婚诉讼期间,夫妻双方均有向人民法院申报全部夫妻共同财产的义务。一方隐藏、转移、变卖、损毁、挥霍夫妻共同财产,或者伪造夫妻共同债务企图侵占另一方财产的,在离婚分割夫妻共同财产时,对该方可以少分或者不分财产。

[释义]　本条是关于对夫妻共同财产平等处理以及特别照顾的规定。

一、关于共同财产的规定

共同财产是指在婚姻关系存续期间夫妻双方共同所

得或其中一方所得。《民法典》第一千零六十二条规定共同财产是指:(1)工资、奖金和其他劳务报酬。这里的“工资奖金”主要指工资性收入。除此之外还有各种形式的劳务补贴、奖金、福利以及实物分配等。(2)生产、经营、投资的收益。这里的“生产、经营、投资的收益”既包括生产劳动收入,也包括服务业、信息业等行业的生产、经营收益以及投资公司、企业经营等收入。(3)知识产权的收益。婚后夫妻一方取得的知识产权权利本身归一方专有,但由其取得的经济利益,属夫妻共同财产。(4)如果不存在《民法典》第一千零六十三条第三项规定的遗嘱或者赠与合同中确定只归一方的财产的情况,夫妻一方继承或者受赠的财产属于夫妻共同财产。(5)其他应当归共同所有的财产。根据最高人民法院《关于适用〈中华人民共和国民法典〉婚姻家庭编的解释(一)》,婚姻关系存续期间,下列财产属于《民法典》第一千零六十二条规定的“其他应当归共同所有的财产”:一方以个人财产投资取得的收益;男女双方实际取得或者应当取得的住房补贴、住房公积金;男女双方实际取得或者应当取得的基本养老金、破产安置补偿费。

二、关于按照照顾子女、女方和无过错方权益的原则判决

《民法典》第一千零八十七条规定:“离婚时,夫妻的共同财产由双方协议处理;协议不成的,由人民法院根据财

产的具体情况，按照照顾子女、女方和无过错方权益的原则判决。”在现实生活中，因女方、子女本身弱势，在离婚后可能陷入生活难以保障的困境，因此需要法院按照适当照顾弱势群体的原则对其给予适当保障。如若对方有过错，为体现对无过错方的救济、弥补，应给予无过错方赔偿，以符合平等的法律精神。

三、离婚诉讼期间有关夫妻共同财产的规定

在离婚诉讼期间，明确共同财产需要对其进行收集调查，女方因在家庭经济地位中处于劣势，因客观原因常常对登记在对方名下的财产无法自行收集，此时就需要法院进行调查，有效保障妇女权益，降低当事人举证难度，从而有效解决夫妻间财产纠纷。《妇女权益保障法》第六十七条规定：“离婚诉讼期间，夫妻一方申请查询登记在对方名下财产状况且确因客观原因不能自行收集的，人民法院应当进行调查取证，有关部门和单位应当予以协助。离婚诉讼期间，夫妻双方均有向人民法院申报全部夫妻共同财产的义务。”

《民法典》第一千零九十二条规定：“夫妻一方隐藏、转移、变卖、毁损、挥霍夫妻共同财产，或者伪造夫妻共同债务企图侵占另一方财产的，在离婚分割夫妻共同财产时，对该方可以少分或者不分。”夫妻一方故意隐藏、转移、变卖、毁损、挥霍夫妻共同财产本质上是侵害另一方对于夫妻共有财产权利的民事侵权行为，其违法性是显而易见的。行为人对自己的违法行为理应承担相应的法律责任，以维护无过错一方的合法财产权益。本条的立法目的即为防范和制止侵害配偶合法财产权益的行为，切实保障婚姻当事人对夫妻共同财产所享有的权利，增强民法中婚姻家庭法律制度的权威性和可操作性。

离婚分割夫妻共同财产时，《民法典》第一千零九十二条规定的“对该方可以少分或者不分财产”，应符合以下构成要件：第一，行为主体是夫妻一方。本条适用于夫妻一方侵害另一方婚姻财产权益的行为。第二，行为客体是夫妻共同财产。本条所列各项内容均属针对夫妻共同财产所实施的行为。夫妻共同财产既包括实行法定财产制的夫妻在婚姻关系存续期间取得的依法属于双方共同所有的财产，也包括实行约定财产制的夫妻约定为双方共同所有的婚前财产或婚后所得财产。第三，行为客观表现为隐藏、转移、变卖、毁损、挥霍夫妻共同财产，或伪造夫妻共同债务。隐藏是将财产藏匿起来，不让他人发现，使另一方无法获知财产的所在从而无法控制。除隐藏各种有形财产外，夫妻一方不告知对方登记在其个人名下但属于夫妻双方共同所有的银行存款、股票基金债券等，也属于隐藏行为。转移是指未经对方同意，私自将财产移往他处，或将资金移往其他账户，脱离另一方的掌握。毁损是指采用打碎、拆卸、涂抹等破坏性手段使物品失去原貌，失去或者部分失去原来具有的使用价值和价值。挥霍是指任意浪费财产。伪造夫妻共同债务是指制造内容虚假的债务凭证，包括合同、欠条等，负担本不对债权人负担的共同债务或夸大对债权人所负担的共同债务金额，让配偶共同承担债务清偿责任，以达到侵占、多分夫妻共同财产的目的。

第六十一条 夫妻双方应当共同负担家庭义务，共同照顾家庭生活。

女方因抚育子女、照顾老人、协助男方工作等负担较多义务的，有权在离婚时要求男方予以补偿。

因男方重大过错导致离婚的，无过错的女方有权请求损害赔偿。

女方在离婚时生活困难的，有负担能力的男方应当给予适当帮助。

［释义］ 本条是有关共同承担家庭义务及补偿制度的规定。

一、有关夫妻双方应共同负担家庭义务

家庭义务通常被错误地认为只是妇女的应有义务，事实上家庭义务不只是妇女的单方义务，而是夫妻双方的共同义务。妇女常常因承担主要的家庭义务而选择抛弃应有的劳动权利、文化社会生活权利等。这种家庭义务很难用金钱衡量。事实上妇女在家庭义务上的付出，为家庭作出了巨大的隐含贡献，一方承担其家庭义务的主要责任，使另一方没有了后顾之忧，可以安心工作，赚取生活费用，提升工作效率，创造出更多的社会财富。《妇女权益保障法》第六十八条规定："夫妻双方应当共同负担家庭义务，共同照顾家庭生活。女方因抚育子女、照料老人、协助男方工作等负担较多义务的，有权在离婚时要求男方予以补偿。补偿办法由双方协议确定；协议不成的，可以向人民法院提起诉讼"。法律规定双方应共同承担家庭义务，是为了消除家庭义务应完全由女方承担的传统理念，使女方从家庭义务中解放出来，以更好地追求自己的应有权利。

二、女方因抚育子女、照顾老人、协助男方工作等负担较多义务的，有权在离婚时要求男方予以补偿

女方因抚育子女、照顾老人、协助男方工作等负担较多义务的，有权在离婚时要求男方予以补偿，实际上是对劳务价值的认可，肯定家庭义务的经济和社会价值。并且长时间做家务劳动的妇女一时间很难找到合适的工作，没有经济收入就无法满足自己或儿童的生活必要开支，对其进行补偿可以使妇女或儿童获得一定的经济收入，为后续的劳动提供过渡空间。《民法典》第一千零八十八条规定："夫妻一方因抚育子女、照料老年人、协助另一方工作等负担较多义务的，离婚时有权向另一方请求补偿，另一方应当给予补偿。具体办法由双方协议；协议不成的，由人民法院判决。"

关于家务劳动补偿的条件，根据本条规定，夫妻一方要求另一方给予家务劳动补偿的一般条件是，其在婚姻关系存续期间付出了较多的劳务,承担了较多家庭义务。具体而言包括三个方面:第一是抚育子女。这本属夫妻双方共同的义务,理应分担。离婚时承担抚育义务较少的一方应给予承担义务较多的一方适当的经济补偿。第二是照料老年人。这种照料势必付出相当多的时间和精力,使得当事人一方将大量精力置于家庭,丧失了社会经验以及获得职业训练的可能性,从而在离婚后面临就业困难以及低收入风险。离婚时,承担照料老年人义务少的一方应给予承担义务多的一方适当的经济补偿。第三是协助另一方工作。在婚姻关系存续中,这种协助可能是有偿的,也可能是无偿的。如果是无偿的,离婚时协助的一方有权要求被协助的一方,即受益一方给予一定的补偿,弥补因劳务付出所造成的损失。

三、有关无过错方请求赔偿

《民法典》第一千零九十一条规定,“有下列情形之一,导致离婚的,无过错方有权请求损害赔偿:(一)重婚;(二)与他人同居;(三)实施家庭暴力;(四)虐待、遗弃家庭成员;(五)有其他重大过错”。因男方重大过错导致离婚的,无过错的女方有权请求损害赔偿是国家对婚姻当事人予以救济的重要组成部分,是当代民法特别是亲属法中的公平原则、保护弱者原则在离婚问题上的必然要求,体现了《民法典》婚姻家庭编对人格尊严的保护,具有填补损害、精神抚慰、制裁和预防违法行为的功能。

四、有关经济帮助的规定

经济帮助是指夫妻离婚时，因一方生活确有困难，经双方协议或法院判决，由有条件的一方从其个人财产中给予另一方适当帮助的制度。经济帮助既不以一方付出较多的义务为先决条件，也不以一方是否有过错为必要，有过错的一方若存在生活困难的情形，也可要求无过错方给予适当经济帮助。《民法典》第一千零九十条规定："离婚时，如果一方生活困难，有负担能力的另一方应当给予适当帮助。具体办法由双方协议；协议不成的，由人民法院判决。"

经济帮助也不与夫妻间的扶养义务等同。夫妻间相互扶养的义务，以夫妻人身关系为前提，存在于婚姻关系存续期间，并且随着婚姻关系的终止而终止，而经济帮助则以夫妻解除婚姻关系为前提，以一方生活存在困难为条件。此处使用了"帮助"一词，而非"扶养费"，是因为经济帮助不同于婚姻关系存续期间的扶养义务，不是这种法定扶养义务的延伸，而只是派生于原夫妻关系的一种责任，是离婚的一种善后措施，是基于道义对生活困难一方的救助。经济帮助可解决生活困难一方离婚后的实际需要，有助于消除其在离婚时的经济顾虑，保证其离婚自由的实行。根据本条规定，经济帮助应符合以下条件：

第一，要求帮助的一方生活确有困难。这里的生活困难，指的是依靠个人和离婚时分得的财产无法维持当地基本生活水平。第二,生活困难在离婚时已经存在。要求帮助的一方必须是离婚时生活确有困难,而自己又无力解决。如果困难出现在离婚后,困难方不得要求经济帮助。同时,受助方如果再婚,不适用本条规定,应由其再婚配偶依法承担扶养义务,而非寻求经济帮助。第三,提供帮助的一方须有经济负担能力。经济帮助存在的前提是,一方具有提供经济帮助的能力,且提供的帮助是在帮助方力所能及的范围内。因此经济帮助并非过错赔偿,没有惩罚性质,如提供帮助的一方没有必要的经济能力,自己生活也存在困难,不应负担此种给予经济帮助的义务。

第八章　救济措施

第六十二条　对侵害妇女合法权益的行为,任何组织和个人都有权予以劝阻、制止或者向有关部门提出控告或者检举。

妇女的合法权益受到侵害的,有权要求有关部门依法处理,或者依法申请调解、仲裁,或者向人民法院起诉。

[释义]　本条是关于妇女权益救济措施的一般性规定。

《妇女权益保障法》作为保护妇女权益的社会性法律,核心就是强化政府及相关部门的保护职责,建立保护体系,保障和增进妇女权益。因此,新修订的《妇女权益保障法》增设救济措施专章,建构体系化的妇女权益保障机制。

《条例》也依据上位法增设救济措施专章。本条主要依据《妇女权益保障法》第七十二条制定，是对妇女权益救济措施的一般性规定。一般性规定表现为两个方面，一是本条的救济措施不是妇女专享，是所有公民都可以享受的权利。二是本条的救济措施不是《条例》专有的制度，而是其他法律在妇女权益保障中的体现。因此，准确理解和适用本条款，可以从以下几个方面考量。

一、对于侵害妇女合法权益行为的理解

侵害妇女合法权益行为是本章的核心概念，所有的救济措施都是基于妇女合法权益被侵害而产生。所谓合法权益，就是指法律所保护的利益。妇女的合法权益主要是指在《条例》第二章至第七章所规定的政治权利、人身和人格权益、文化教育权益、劳动和社会保障权益、财产权益和婚姻家庭权益六大类型权益。只要侵害了上述权益，都是属于侵害妇女合法权益的行为。但是，妇女的合法权益并不限于这六大类型，《宪法》《民法典》《刑法》《行政法》及其他法律法规所确立的妇女作为一个自然人所享有的权利，也是妇女的合法权利。

二、对侵害妇女合法权益的行为，任何组织和个人都有权予以劝阻、制止或者向有关部门提出控告或者检举

本条共有两款，设置了两个基本的救济途径，一个是赋权性救济，一个是赋责性救济。本条第一款规定“对侵害妇女合法权益的行为，任何组织和个人都有权予以劝

阻、制止或者向有关部门提出控告或者检举”，是一种赋权性救济途径。因此，对于本款的理解，可以从两个方面着手：

一是对谁赋权。从条文的规定来看，任何组织和个人都有权利。其权利的来源就是《妇女权益保障法》第四条和《条例》第三条。两个条款都有“保障妇女的合法权益是全社会的共同责任”的规定。而本款则是对保障妇女合法权益的共同责任主体进行赋权，以有助于这些主体有保障妇女合法权益的途径。也就是说，本款规定的“任何组织和个人”更多的是赋予那些没有保障妇女合法权益法定职责的组织和个人的权利，使他们有渠道救济妇女。通过本款赋权，就可以广泛动员社会参与，保护妇女合法权益，大大拓展妇女合法权益保障的救济渠道。

二是赋予哪些权利。总体而言，本款作为赋权性规定，主要赋予组织和个人两大类型的权利，一个是直接干预，一个是间接干预。直接干预主要是针对妇女合法权益正在遭受侵害或面临侵害危险的情形。任何组织和个人都可以通过劝阻、制止的方式保护妇女合法权益。而间接干预不仅包括妇女合法权益正在遭受侵害或面临侵害危险的情形，也包括事后的情形。间接干预的方式主要有两种，一种是向有关部门提出控告，另一种是向有关部门检举。

准确理解本款规定，还应注意，本款与本章的其他条款有很大不同。其他条款规定的都是法定职责，既是权利也是义务，必须履行。如不履行或怠于履行，则需要承担相应的法定责任。但本款主要以赋权为主，没有科以责任，主要依赖于自觉履行。

三、妇女的合法权益受到侵害的，受害妇女有权要求有关部门依法处理，或者依法申请调解、仲裁，或者向人民法院起诉

本款是赋责性救济途径。与赋权性救济途径有所不同，赋责性救济是国家机关及有关部门的义务，合法权益受到侵害的妇女有权利要求其提供救济，相关部门必须依法提供救济。我国宪法和法律都明确规定了妇女的合法权益不受侵犯，任何侵害妇女合法权益的行为都是违法行为，侵害妇女合法权益的主体也应当承担相应的法律责任。而国家机关及相关部门则应当建立各种机制，为合法权益受到侵害的妇女提供各种救济。具体而言，主要包括四种方式：

第一，有权要求有关部门依法处理。其中有关部门不仅限于有职责处理的行政主管部门，还包括其他部门和单位。这些有关部门在《条例》中都有明确规定，受害妇女按照法律规定有权要求这些部门处理。比如在单位遭受性骚扰的妇女，可以要求单位处理，也可以要求公安机关处理。

第二，有权申请调解。调解是我国解决纠纷矛盾的重要机制，是多元化纠纷矛盾解决机制重要组成部分。调解主要包括司法调解、行政调解和人民调解三大部分。所有的调解方式都可以成为受害妇女的救济方式。比如，在家庭暴力中，受害妇女可以要求人民调解组织调解，也可以要求公安机关调解。

第三，有权申请仲裁。仲裁是我国解决纠纷矛盾，维护合法权利的重要机制和渠道。仲裁包括商事仲裁、劳动仲裁和农村土地承包仲裁等，这些仲裁机制都可以成为受害妇女的救济方式。比如妇女在农村土地承包中遭受歧视，权益受到侵害，就可以依据《农村土地承包法》第五十五条向农村土地承包仲裁机构申请仲裁。

第四，有权提起诉讼。诉讼是现代社会最为重要的权利救济方式，无诉讼即无权利是诉讼重要性的表达。诉讼在我国主要包含民事诉讼、行政诉讼和刑事诉讼三种类型。这三种类型都可以成为妇女权益的救济方式。只要妇女权益受到侵害，都可以根据遭受侵害的性质依法向人民法院提起相应的诉讼。比如，当妇女的合法权益受到犯罪行为侵害时，属于自诉案件的，可以依法直接向人民法院提起刑事诉讼；属于公诉案件的，有权要求公安机关、检察机关依法立案侦查，提起公诉。

第六十三条 妇女因生命权、身体权、健康权、人身自由受到侵害或者因疾病、生育、灾害等处于危难情形的，公安、民政等部门、妇女联合会、医疗机构等组织和负有法定救助义务的个人应当及时施救，依法提供临时庇护或者其他必要的救助。

对符合条件的妇女，当地法律援助机构或者司法机关应当给予帮助，依法为其提供法律援助或者司法救助。

妇女因突发重大疾病、自然灾害等导致生活困难的，可以按照规定申请社会救助，符合条件的，应当依法提供救助。

有关部门在突发事件应对中，应当做好妇女和婴幼儿权益的保障工作。

本市鼓励和支持社会力量多渠道筹集资源，为生活困难的妇女提供救助帮扶。

[释义] 本条是关于妇女权益的主要救助保障措施的规定。

《条例》第五条确立了党委领导、政府主导、各方协同、社会参与的保障妇女权益工作机制。而为合法权益受到侵害的妇女提供各种救济措施是妇女权益保障的重要组成部分。在救济措施一章中，第六十二条是关于赋予受侵害妇女救济权利的一般性规定，而本条是有关部门根据妇女权益受侵害的性质或内容不同，提供相应保障性措施的规定。主要是明确各有关部门在救济中的责任。对于救济措施，《妇女权益保障法》在第七十二条只是作了概括性的规定，而本条对各种救济措施作了细化规定。具体可以分为以下几种情形：

一、因生命权、身体权、健康权、人身自由受到侵害或者疾病、生育、灾害等处于危难情形的救济措施

本条第一款是基础性条款，规定了基础性的救济措施。正确理解本款规定，可以从以下三个层面着手。

第一，明确了救济的适用情形。本款规定的救济适用情形比较广泛，几乎涵盖了《条例》所规定的所有妇女合法权益。但核心主要有两大类型的权益。一类是妇女合法权益遭受侵害的情形。遭受侵害的情形主要与非法行为紧密关联，是各种单位、组织或个人对妇女合法权益的非法侵害。其侵害的权益类型主要有生命权、身体权、健康权、人身自由等人身和人格权益，这些类型也是最常见高发的妇女遭受侵害的情形。《妇女权益保障法》第十九条规定“妇女的人身自由不受侵犯”、第二十条规定“妇女的人格尊严不受侵犯”、第二十一条规定“妇女的生命权、身体权、健康权不受侵犯”，以此为基础，还专门以禁止性规范规定了重点常发的禁止性行为。另一类是妇女合法权益面临危难的情形。面临危难与遭受侵害的情形有所不同，前者主要是主观的、人为的、非法的侵害。而后者侧重于非人为伤害，是客观因素导致妇女面临危难。面临危难的情形主要表现为因疾病、生育、灾害而产生。但无论是第一种情形还是第二种情形都会导致妇女合法权益遭受侵害和损失，都可以获得相应的救济。

第二，明确了救济职责部门。对于妇女权益遭受侵害

的这两类情形，由谁来救济，有哪些救济措施可以应对，以有效保障妇女合法权益，也是本款立法的重点。在《条例》的第五条第四款中，专门规定了各有关部门应当在各自的职责范围内做好妇女权益的保障工作。在第三章人身和人格权益及其他章节中，也涉及各有关部门的职责。而本款主要是进一步明确相关部门的救济职能。这些部门及相关人员主要是指公安、民政等部门和妇联、医疗机构等组织，以及负有法定救助义务的个人。不同的部门有不同的法定职责，担负着不同的救助义务。当妇女合法权益遭受侵害或者面临危难，向这些部门求助时，这些部门应当依法及时提供救济。

第三，明确了救济途径。对于妇女合法权益遭受侵害或者面临危难的情形，本款还规定了具体的救济措施。主要包括及时施救，依法提供临时庇护或者其他必要的救助三大类。其中及时施救是指当妇女合法权益遭受侵害或者面临危难向公安、民政等部门或妇联、医疗机构等求助时，有关部门应当依法及时到场，并采取措施制止侵害，排除危难，把受害妇女及时送医院救治。依法提供临时庇护主要是指妇女合法权益因遭受侵害或者面临危难而导致无家可归或在家面临侵害危险的，救助部门应当依法将受害妇女安置在临时庇护场所，以防止受害妇女遭受进一步的伤害。对于其他必要的救助，主要是根据受害妇女具体的受害情形，向她们提供施救、临时庇护场所之外又确有必要的救助。具体救济措施有些在《条例》中有明确规定，比如第二十五条有关解救被拐卖、绑架的妇女的规定；也有的在其他法律中有明确规定，比如《反家庭暴力法》中的人身保护令、提供庇护场所等规定。

二、法律援助与司法救助

本条第二款规定，“对符合条件的妇女，当地法律援助机构或者司法机关应当给予帮助，依法为其提供法律援助或者司法救助”。这是依据《妇女权益保障法》第七十二条第三款而制定的。该款主要规定了法律援助和司法救助两种不同的救济措施。法律援助的重点是帮助符合条件的妇女维护其合法权利，而司法救助的重点则是为无法通过诉讼获得有效赔偿而生活面临急迫困难的人提供经济上的帮助。《上海市妇女儿童发展“十四五”规划》提出要“完善保护机制，充分保障妇女依法获得法律援助和司法救助的权益”。

法律援助是一种特殊的救助措施，具有特定的法律内涵。根据《法律援助法》第二条规定，所谓法律援助，是国家建立的为经济困难公民和符合法定条件的其他当事人无偿提供法律咨询、代理、刑事辩护等法律服务的制度，是公共法律服务体系的组成部分。其中，法律援助的对象是经济困难公民和符合法定条件的其他当事人，其具体的适用情形在《法律援助法》第二十四条至第三十三条中有明确的规定。而对于经济困难的标准，由省、自治区、直辖市人民政府根据本行政区域经济发展状况和法律援助工作需要确定,并实行动态调整。本款的规定中“符合条件的妇女”就是指符合《法律援助法》中申请法律援助条件的妇女。只要符合条件,就有权利获得相应的救济。对于法律援助的内容则是由专门的援助机构为需要援助的人无偿提供法律咨询、代理、刑事辩护等法律服务。即符合条件的妇女,可以无偿获得法律援助机构所提供的法律咨询、代理、刑事辩护等法律服务。法律援助的具体内容,根据《法律援助法》第二十三条规定包括“(一)法律咨询;(二)代拟法律文书;(三)刑事辩护与代理;(四)民事案件、行政案件、国家赔偿案件的诉讼代理及非诉讼代理;(五)值班律师法律帮助;(六)劳动争议调解与仲裁代理;(七)法律、法规、规章规定的其他形式”。

本款还就司法救助作出了规定。所谓司法救助是指国家向无法通过诉讼获得有效赔偿而生活面临急迫困难的当事人、证人等即时支付一次性的救助金。对于司法救助的范围,我国最早仅限于行政诉讼和民事诉讼。因此修订前的《妇女权益保障法》规定的司法救济也仅限于由人民法院提供。2015 年中央政法委牵头制定《关于建立完善国家司法救助制度的意见(试行)》,大大扩展了司法救助的范畴,其不再仅限于民事诉讼、行政诉讼中的相关主体,还扩展至刑事诉讼中的被害人、在诉讼过程中受到打击报复的人、党委政法委和政法各单位根据实际情况认为需要救助的其他人员,甚至包括涉法涉诉信访人。因此,修订后的《妇女权益保障法》,把人民法院提供的司法救助,直接修改为司法救助。提供司法救助,必须符合三个基本要件:一是有遭受犯罪侵害或民事侵权的事实;二是因侵害人无力赔偿等原因,受害人无法通过诉讼获得有效赔偿;三是导致当事人生活陷入困境。对于司法救助的标准,一般以案件管辖地上一年度职工月平均工资为基准,在36个月的工资总额之内支付。具体金额应当综合考虑救助对象实际遭受的损害后果、有无过错以及过错大小、个人及其家庭经济状况、维持当地基本生活水平所必需的最低支出,以及赔偿义务人实际赔偿情况等。但总金额不能超过人民法院依法应当判决的赔偿数额。本款从保护妇女权益的角度,依据《妇女权益保障法》把司法救助确立为妇女权益救济的途径之一。只要符合司法救助的条件,妇女就有权利向司法机关提出救助申请,司法机关应当依法向其提供司法救助。

三、社会救助

本条第三款规定"妇女因突发重大疾病、自然灾害等导致生活困难的,可以按照规定申请社会救助,符合条件的,应当依法提供救助"。这是对妇女权益提供社会救助的规定。

所谓社会救助,是指国家和社会对于遭受自然灾害、失去劳动能力或者其他低收入公民给予物质帮助或精神救助,以维持其基本生活需求,保障其最低生活水平的各种措施。社会救助体系主要由民政部门统筹,由各有关职能部门分工负责。根据《社会救助暂行办法》,社会救助包括最低生活保障、特困人员供养、受灾人员救助、医疗救助、教育救助、住房救助、就业救助、临时救助等。不同的社会救助类型,有不同的救助条件和标准。本款重点强调因突发重大疾病、自然灾害等因素导致妇女生活困难的情形,可以依法申请社会救助。救助机构应当向符合条件的妇女提供适当的救助。

四、突发事件中的救济

本条第四款规定“有关部门在突发事件应对中,应当做好妇女和婴幼儿权益的保障工作”。这是有关突发事件中妇女权益保障的救济渠道。

《突发事件应对法》第二条规定:“突发事件,是指突然发生,造成或者可能造成严重社会危害,需要采取应急处置措施予以应对的自然灾害、事故灾难、公共卫生事件和社会安全事件。”突发事件更容易导致妇女、儿童面临生存和生活困境。尽管《社会救助暂行办法》确立了很多救济措施,但无法涵盖突发事件引发的妇女儿童困境问题。《中国妇女发展纲要(2021—2030年)》明确规定,“在突发事件应对中关切妇女特别是孕期、哺乳期妇女及困难妇女群体的特殊需求。在突发事件应急体系建设、预防和应急处置机制建设、相关应急预案和规划制订中统筹考虑妇女特殊需求，优先保障女性卫生用品、孕产妇用品和重要医用物资供给”。因此，《条例》专门制定本款，要求相关部门应当考量妇女儿童的特殊需求，在突发事件中做好妇女和婴幼儿权益的保障工作。

五、社会帮扶

本条最后一款规定“本市鼓励和支持社会力量多渠道筹集资源，为生活困难的妇女提供救助帮扶”。这是有关妇女救济措施中社会支持的条款。

《妇女权益保障法》第五十二条规定，“各级人民政府和有关部门应当采取必要措施，加强贫困妇女、老龄妇女、残疾妇女等困难妇女的权益保障，按照有关规定为其提供生活帮扶、就业创业支持等关爱服务”。其中的关爱服务主要是政府自身供给的关爱服务，不包括社会力量的参与。《中国妇女发展纲要(2021—2030 年)》的一个基本思路是动员社会力量，多渠道筹集资源，共同发挥妇女事业。其明确提出鼓励、支持慈善组织为生活困难妇女提供救助帮扶，支持社会力量参与，重点为生活困难、残疾、重病等妇女群体提供权益保护、生活帮扶、精神抚慰等关爱服务。本条前四款主要是对各有关职能部门在妇女权益保障中提供的各种救济措施的规定，而本款重点在于激活社会力量，为妇女合法权益的保障提供救济。所以，本款需要通过各种方法鼓励和支持社会力量，通过各种方式，筹集各种资源，为生活困难的妇女提供救助帮扶。这些社会力量提供的救助帮助，可以嵌入国家各种救济措施之中，也可以在国家提供的各种救济措施之外，作为国家提供救济措施的重要补充。

第六十四条 妇女的合法权益受到侵害的，可以向妇女联合会等妇女组织求助。妇女联合会等妇女组织应当维护被侵害妇女的合法权益，有权要求并协助有关部门或者单位查处。有关部门或者单位应当依法查处，并予以答复；不予处理或者处理不当的，市、区妇女儿童工作委员会、妇女联合会可以向其提出督促处理意见，必要时可以提请同级人民政府开展督查。受害妇女进行诉讼需要帮助的，妇女联合会应当给予支持和帮助。

妇女联合会负责妇女权益保护服务热线的建设和运行，及时受理、移送有关侵害妇女合法权益的投诉、举报；有关部门或者单位接到投诉、举报后，应当及时予以处置。

［释义］ 本条是关于妇联和妇儿工委开展救济工作的规定。

本条依据《妇女权益保障法》第七十三条的相关规定而制定。妇联是我国最为重要的群团组织之一，其在《妇女权益保障法》中的主要法定职能是代表和维护各族各界妇女的利益，做好维护妇女权益、促进男女平等和妇女全面发展的工作。而妇儿工委则是政府为了保护妇女儿童而设立的议事协调机构，负责组织、协调、指导、督促有关部门做好妇女权益的保障工作。基于妇联在妇女权益保障中的基础性作用，本条专门对妇联和妇儿工委赋权，设置救济措施和程序，为妇女权益保障提供救济。

一、妇联及妇儿工委的救济

本条第一款是关于妇联及妇儿工委直接介入妇女权益受侵害的案件，并依法提供保护措施的规定。准确理解和适用本款有关规定，需要从以下几个方面着手。

本款首先明确了妇女向妇联的求助权。其规定“妇女的合法权益受到侵害的，可以向妇女联合会等妇女组织求助”。这是确定妇女有向妇联求助的权利，也进一步明确了妇联等妇女组织在保护妇女权益方面的职责。妇女合法权益受到侵害，可以直接要求有关部门依法处理。这在《条例》第六十二条有明确的规定。但妇女要求有关部门依法处理时，也会遇到有关部门不依法处理的情形。而本款则为妇女维护合法权益提供了一个渠道。妇女可以选择要求有关部门依法处理，也可以选择向妇联求助。当有关部门不依法处理时，也可以通过妇联求助的方式，维护自己的权利。另外，需要注意的是，当前我国的妇女组织是以妇联为主体，同时也包含了妇联之外的妇女组织。妇联组织是依据我国相关法律和《中华全国妇女联合会章程》建立的妇女组织。而其他妇女组织则是依据其他法律和相关制度而设定。比如依据《工会法》建立的女职工委员会就是妇联之外的妇女组织。

妇联等妇女组织应当为妇女求助提供保障和便利，维护被侵害妇女的合法权益。在接到妇女求助申请后,妇联等妇女组织应当及时受理,并根据妇女合法权益遭受侵害的具体情形,提供适当的保障。对于妇联及妇儿工委的救济措施,主要有三种方式:首先是要求并协助有关部门或者单位查处。妇联是代表妇女利益的群团组织,不是政府职能部门,不能对直接对侵害妇女合法权益的行为进行查处。妇联在保护妇女权益中的主要职能是要求有关部门或者单位查处,并在查处过程中协助有关部门或者单位进行查处。有关部门或者单位根据法定职责应当及时依法查处,并就查处的结果及时告知妇联。

其次是妇儿工委、妇联的督促机制。对于督促机制的适用条件和适用程序,应主要把握几个方面:一是关于督促机制的启用条件。本款明确规定,当妇联要求有关部门或者单位查处,但有关部门或者单位不予处理或者处理不当的,可以启用督促程序。二是关于启动机制的主体。本款明确规定启动主体仅限于市、区妇儿工委和妇联。也就是说,尽管妇联等妇女组织都有权要求有关部门或者单位查处,但只有市、区妇儿工委和妇联才能启动督促程序。其中,妇儿工委作为政府维护妇女儿童权益的议事协调机构,在督促有关部门或单位查处上,比妇联更具有优势。而且,上海在妇儿工委的督促制度上,也已经有了比较成熟的工作程序和制度。三是关于提请同级人民政府开展督查。即如果是市妇儿工委或妇联启动的督促程序,则向市人民政府提请督查;如果是区妇儿工委或妇联启动的督促程序,则向区人民政府提请督查。而对于必要性的理解,主要是考量妇儿工委或妇联的督促能否有效维护妇女权益。如果有关部门或单位依然不予处理或处理不当,则可以向同级人民政府提起。

最后是支持起诉。在受侵害妇女向妇联的求助中,除了要求并协助有关部门或单位处理之外,还可以向妇联申请提供诉讼方面的支持。妇联接到妇女相关求助后,应当给予支持和帮助。

二、妇女服务热线的维权机制

本条第二款专门规定了妇女服务热线的维权机制,其规定“妇女联合会负责妇女权益保护服务热线的建设和运行,及时受理、移送有关侵害妇女合法权益的投诉、举报;有关部门或者单位接到投诉、举报后,应当及时予以处置”。《中国妇女发展纲要(2021—2030年)》也明确提出要加强“12338”妇女维权热线建设,畅通妇女有序表达诉求的渠道。及时发现报告侵权问题,依法建议查处性别歧视事件或协助办理侵害妇女权益案件,配合打击侵害妇女合法权益的违法犯罪行为,为受侵害妇女提供帮助。因此,理解本款的规定,可以从以下几个方面考量。

首先,关于对妇联负责建设、运行妇女权益保护服务热线的赋权。我国已经建立了全国统一的妇女维权公益服务热线,主要为妇女儿童提供法律、婚姻、家庭、心理、教育等方面的咨询,并受理有关妇女儿童侵权案件的投诉。《妇女权益保障法》在第七十六条专门增加了妇女权益保护服务热线的建设条款,明确县级以上人民政府应当开通全国统一的妇女权益保护服务热线。《条例》赋权妇联,由其负责妇女维权公益服务热线的建设和运行。

其次,关于投诉与举报主体的规定。在《条例》规定的妇女享有的六大权益中,不仅包含妇女作为个体的权益受到侵害,也包括妇女作为群体的权益受到侵害。而在本条第一款中,主要规定的是妇女作为个体合法权益受到侵害,向妇联申请所获得的救济。而本款既包含妇女作为个体的权益受到侵害,也包括妇女作为群体的权益受到侵害。即不管是否妇女本人的合法权益受到侵害,也不管是女性还是男性,都可以向妇联投诉或举报侵害妇女合法权益的行为。

最后,关于投诉、举报的处置机制。妇女权益保护服务热线是发现和收集妇女权益遭受侵害信息的平台,也是处理侵害妇女合法权益的重要机制。在维护妇女合法权益方面发挥了巨大的作用。尤其是很多妇女并不清楚如何维护权利,应当找哪个部门处理。而妇女权益保护服务热线可以很好地进行引导和分流,以更好地维护妇女合法权益。妇女权益保护服务热线在接到有关侵害妇女合法权益的投诉、举报后,应当及时受理,并根据投诉、举报的内容,移送至有关部门或单位。有关部门或单位接到妇女权益保护服务热线移送过来的投诉、举报后,应当及时予以处置,以维护妇女合法权益。

第六十五条 侵害妇女合法权益,导致社会公共利益受损的,检察机关可以发出检察建议;有下列情形之一的,检察机关可以依法提起公益诉讼:

(一)确认农村妇女集体经济组织成员身份时侵害妇女权益或者侵害妇女享有的农村土地承包和集体收益、土地征收征用补偿分配权益和宅基地使用权益;

(二)侵害妇女平等就业权益;

(三)相关单位未采取合理措施预防和制止性骚扰;

(四)通过大众传播媒介或者其他方式贬低损害妇女人格;

(五)其他严重侵害妇女权益的情形。

[释义] 本条是关于妇女权益保障公益诉讼的规定。

公益诉讼是党的十八届四中全会以来,全面依法治国战略重点探索和建构的制度。2015 年全国人大《关于授权最高人民检察院在部分地区开展公益诉讼试点工作的决定》启动了公益诉讼制度的探索。2017 年《民事诉讼法》和《行政诉讼法》的修订专门增设了民事公益诉讼制度和行政公益诉讼。民事公益诉讼主要是规制破坏生态环境和资源保护、食品药品安全领域侵害众多消费者合法权益等损害社会公共利益的行为,行政公益诉讼主要规制的是对破坏生态环境和资源保护、食品药品安全、国有财产保护、国有土地使用权出让等领域负有监督管理职责的行政机关违法行使职责或者不作为的行为。2018年的《英雄烈士保护法》、2020年的《未成年人保护法》等法律也建立了公益诉讼制度，逐渐丰富和完善了公益诉讼制度。最高人民检察院以《民事诉讼法》和《行政诉讼法》为依据，于2020年制定了《人民检察院公益诉讼办案规则》，完善了公益诉讼制度体系。妇女权益保障公益诉讼制度是2022年新修订的《妇女权益保障法》增设条款，也是我国公益诉讼的重要组成部分，为维护妇女权益提供了一个新的救济措施。本条依据《妇女权益保障法》第七十七条作了相应的规定。对于妇女权益保障公益诉讼的理解，可以从以下三个方面着手。

一、检察机关履行公益诉讼职能的方式

公益诉讼包括民事公益诉讼和行政公益诉讼两大类型，人民检察院作为国家的法律监督机关，履行公益诉讼检察职权。《人民检察院公益诉讼办案规则》第四条规定："人民检察院通过提出检察建议、提起诉讼和支持起诉等方式履行公益诉讼检察职责。"也就是说，人民检察院履行公益诉讼检察职能的方式主要有检察建议、提起诉讼和支持起诉三大类型。

《人民检察院公益诉讼办案规则》第七十五条规定了检察建议的适用情形，即人民检察院经过对行政公益诉讼案件线索进行调查评估后，认为行政机关不依法履行职责，致使国家利益或者社会公共利益受到侵害的，可以向行政机关提出检察建议。而第八十一条则规定了提起诉讼的适用情形，即行政机关经检察建议督促仍然没有依法履行职责，国家利益或者社会公共利益处于受侵害状态的，人民检察院应当依法提起行政公益诉讼。也就是说，检察建议是提起行政诉讼的前奏。一般而言，人民检察院在提起行政公益诉讼前，会先提出检察建议，然后根据行政机关的履职情况，决定是否提起公益诉讼。而支持起诉是人民检察院对公益诉讼案件中的受害人，采取提供法律咨询、向人民法院提交支持起诉意见书、协助调查取证、出席法庭等方式支持其向人民法院提起诉讼的一种救济形式。

本条主要规定了检察建议、提起诉讼两种履行职能的形式。支持起诉的职能并在《条例》第六十六条中统一规定。检察建议、提起诉讼的适用规则可以根据《人民检察院公益诉讼办案规则》的相关规定进行。人民检察院对于行政机关没有发现侵害妇女权益的行为，或者发现了但不履职或不积极履职的情形，可以先发出检察建议。发出检察建议后，该部门依然不予履职的或者国家利益或者社会公共利益处于受侵害状态的，就应当提起行政公益诉讼。对于侵害妇女合法权益的组织或个人，检察机关可以直接提起民事公益诉讼。但无论是检察建议还是公益诉讼，都必须是因为社会公共利益受到损害。而提起公益诉讼，还必须符合公益诉讼的适用范围。

二、检察建议及适用条件

本条规定“侵害妇女合法权益,导致社会公共利益受损的,检察机关可以发出检察建议”。这是有关检察建议适用条件的规定。

首先,对于妇女权益保障而言,检察建议必然是因为妇女合法权益受到了侵害。侵害妇女合法权益的范围可以涵盖《条例》所规定的政治权利、人身和人格权益、文化教育权益、劳动和社会保障权益、财产权益和婚姻家庭权益六大类型权益。

其次,需要具备因侵害妇女合法权益而导致社会公共利益受损这一前提。检察建议一定是针对使公共利益受损的行为,而不能仅仅是使个体权益受到侵害。这主要是基于个体性的权益可以通过个体的维权来实现,而公共利益受损,没有主体来主张权利,往往容易导致出现“公地悲剧”,因此需要程序机关介入。社会公共利益对妇女权益保障而言,特指妇女群体性的利益。

最后,检察建议的对象与内容。检察建议的对象主要是行政机关。人民检察院是我国的法律监督机关,行使检察监督权,督促行政机关尽责履职。在现实社会中,时常发生侵害妇女合法权益,导致社会公共利益受损行为。但有关部门可能对此没有发现,或者发现了不依法处理,从而无法保障具有公共性质的妇女合法权益。因此,只要是侵害妇女合法权益,导致社会公共利益受损,检察机关就有权向有关部门发出检察建议。

三、提起诉讼的适用范围

在妇女权益检察公益诉讼的适用条件上,与检察建议一样,都是针对侵害妇女合法权益,导致社会公共利益受损的情形。但与检察建议不同的是,检察建议主要针对行政机关,以督促行政机关履行职责为目标,而公益诉讼既可以向行政机关提起公诉,也可以向其他组织或个人提起公诉。检察建议的适用范围比较广,只要是侵害妇女合法权益导致社会公共利益受损的情形,人民检察院都可以向有关部门发出检察建议,但公益诉讼的范围仅限于法定的五种情形。具体而言,主要包括以下几种情形。

第一,关于保障农村妇女财产权益的公益诉讼。农村妇女财产权益是妇女财产权益保障的重点和难点。而且,对农村妇女财产权益的侵害很多不是个别性的权益侵害,而是经常是对妇女某类特殊群体的整体侵害,使得妇女无法主张,也很难维护其合法权益。《条例》的第五十一条和第五十二条专门规定了农村妇女可以享有的财产权益。检察机关的公益诉讼主要就是针对第五十一条和第五十二条触及侵犯社会公共利益的情形,提起公诉。大体包括几种情形:一是对妇女享有集体经济组织成员身份确认权的侵犯;二是侵害妇女享有的农村土地承包和集体收益权;三是侵犯妇女的土地征收征用补偿分配权益;四是侵犯了妇女对宅基地的使用权益。

第二，关于保障女性平等就业权的公益诉讼。上海在维护妇女劳动和社会保障权益方面一直走在全国前列，为妇女就业、创业提供了良好的法治环境。但侵犯妇女平等就业权益的行为时有发生，尤其是在就业中的隐性歧视现象较为突出。《条例》在劳动和社会保障权益章节进一步完善了保障妇女平等就业权益的规定，使平等就业权益的维护贯穿于就业招录、就业期间、就业终止全过程，覆盖了与妇女权益相关的全部领域。但对公益诉讼而言，并不是所有与妇女平等就业相关的权益都需要纳入公益诉讼的范畴，而是当侵犯妇女平等就业权益触及社会公共利益时，才有必要提起公益诉讼。

第三，关于相关单位未采取合理措施预防和制止性骚扰的公益诉讼。性骚扰是侵犯妇女个体人身和人格权益的行为，受害妇女可以通过各种途径向国家有关部门寻求救济。但国家提供的救济渠道并不能最大限度地保护妇女免遭性骚扰的权益。因此，国家立法逐渐强化了社会尤其是单位在性骚扰方面的保护职责。《民法典》第一千零一十条专门强调了“机关、企业、学校等单位应当采取合理的预防、受理投诉、调查处置等措施，防止和制止利用职权、从属关系等实施性骚扰”。新修订的《妇女权益保障法》在第二十四条完善了学校在防范性骚扰中的职责，在第二十五条中新增了单位在防范性骚扰中的职责。而《条例》在第二十七条和第二十八条分别细化了学校、单位在性骚扰中的防范职责。此外,在第二十九条中还对地铁、公交、车站、机场、轮渡等人员聚集和流动的公共场所在防范性骚扰方面的职责进行了规定。这些规定为检察机关提起公益诉讼奠定了制度基础。只要相关单位未采取合理措施预防和制止性骚扰,检察机关就可以对相关单位提起公益诉讼。

第四,关于通过大众传播媒介或者其他方式贬低损害妇女人格的公益诉讼。在侵害妇女人格尊严权益中,不仅表现为对妇女具体个人的人格尊严的侵害,还表现为对不特定多数妇女人格尊严的侵害。在人格尊严权益救济中,个体人格尊严的侵害可以由个体通过各种途径寻求救济。但对于不特定多数妇女人格权益的侵害,就缺乏维护权益的渠道。对不特定多数妇女人格权益的侵害,往往容易发生在大众传播媒介及广告、宣传等商业经营性活动中。《条例》第二十四条规定,禁止通过广播、电视、报刊、网络等传播贬低损害妇女人格尊严的内容,禁止在广告、招贴宣传以及商业经营活动中贬低损害妇女人格尊严。这些大众传播媒介,可能涉嫌贬损具体个人的人格尊严,也可能贬损不特定多数妇女的人格尊严。如果贬损妇女人格尊严,导致社会公共利益受损的,人民检察院就可以向相关主体提起公益诉讼。

第五,关于公益诉讼的兜底性条款。本条最后一项制定了公益诉讼的兜底性条款，规定“其他严重侵害妇女权益的情形”，检察机关可以提起公益诉讼。对于兜底性条款，可以从以下几个方面理解：一是其他严重侵害妇女权益的情形，就是在本条前四项规定的侵害妇女合法权益情形之外的情形；二是其他严重侵害妇女合法权益的情形，也一定导致了社会公共利益受损；三是是否提起公益诉讼，检察机关可以根据具体的情形决定。

第六十六条 国家机关、社会团体、企业事业单位对侵害妇女权益的行为，可以支持受侵害的妇女向人民法院起诉。

［释义］ 本条是关于支持受侵害妇女起诉的规定。

《妇女权益保障法》第七十八条规定：“国家机关、社会团体、企业事业单位对侵害妇女权益的行为，可以支持受侵害的妇女向人民法院起诉。”本条是依据上位法作出的规定。理解支持起诉，需要把握以下几点。

首先，支持起诉的主体是国家机关、社会团体、企业事业单位。《民事诉讼法》第十五条规定，“机关、社会团体、企业事业单位对损害国家、集体或者个人民事权益的行为，可以支持受损害的单位或者个人向人民法院起诉”。《条例》第三条规定，保障妇女的合法权益是全社会的共同责任，而支持起诉是履行全社会共同责任的一个重要方面。发挥机关、社会团体、企业事业单位在支持诉讼中的作用，以维护妇女合法权益，是设置救济措施的重要目标。

其次，支持起诉的范围既包括民事诉讼的支持，也包括行政和刑事自诉支持。但不同的支持主体，其支持的范围有所不同。当前比较成熟的诉讼支持机制主要有人民检察院提供的诉讼支持，司法援助中的诉讼支持和社会团体的诉讼支持。在人民检察院提供的诉讼支持中，主要是人民检察院对当事人提起民事诉讼的支持。而司法援助和社会团体的诉讼支持则可以被包括进各类诉讼之中。

最后，支持起诉是帮助受侵害妇女以原告的身份向人民法院提起诉讼，而不是代为诉讼。在侵害妇女权益的事件中，受害妇女经常会遇到维权之困，包括不知如何维权、缺乏维权的经济能力、无法维权、不愿维权甚至不敢维权等情形，导致妇女权益不能得到保障。而支持起诉就是机关、社会团体、企业事业单位提供各种支持，帮助妇女以当事人的身份向人民法院提起诉讼。在《条例》中，人民检察院支持起诉比较集中于公益诉讼中的诉讼支持及弱势群体的诉讼支持。司法援助中的诉讼支持对象主要是经济困难妇女和其他符合法定条件的妇女。而妇联的诉讼支持，则更为宽泛，可以包括所有的合法权益遭受侵害并有诉讼需求的妇女。

第九章　法 律 责 任

第六十七条　违反本条例规定的行为，《中华人民共和国妇女权益保障法》等法律、法规已有处理规定的，从其规定。

［释义］ 本条是关于法律责任指引条款的规定。

新修订的《妇女权益保障法》法律责任这一章与修改前的内容有很大不同。其中至少有两大亮点和特色。一是把原来与救济措施紧密相关的条款分离出去，单独形成救济措施章节。二是法律责任条款的设计展现了从倡导性立法转向刚性立法的思路，增加了很多有具体的、刚性的罚则条款。当然，基于《妇女权益保障法》属于综合性、社会性立法，很多法律责任必然会与其他法律产生交集，因此引用其他法律责任条款也是必不可少的。而对于地方性立法，《条例》在法律责任章节的条款的拟定上，必然会以国家立法为依据进行设计。同时基于《立法法》规定，对上位法已有明确规定的，地方性法规不宜重复规定，这也使得法律指引成为法律责任章节的常用立法技术。因此，准确理解和适用本条款可以从两个层面着手。

一、指引条款的适用规范

指引条款是立法中的一种立法技术，条款本身没有独立的规范内涵，而是通过指引条款把规范相关内容引向同一部法律中的其他条款，或者引向另一部或几部法律中的条款。本条是通过指引条款把法律责任的条款引向了其他法律、法规，以其他法律、法规中相关法律责任条款作为《条例》的责任条款。

对于违反本条例规定的行为的理解，一般而言，作为法律责任条款的法律指引，追责的规范在其他的法律之中，由其他法律进行规定，而需要承担法律责任的范围则是由指引条款所在的法律确定。《条例》明确规定引起法律责任的情形是违反本条例规定的行为，即《条例》在其他章节中对国家机关、社会团体、企事业单位及个人科以职责或义务，只要违反了这些职责或义务，就需要承担相应的法律责任。

对于指引条款中指引法律的理解。从本条指引的法律来看，最为重要的法律指引，主要是《条例》的上位法——《妇女权益保障法》。根据《立法法》第七十三条规定，制定地方性法规，对上位法已经明确规定的内容，一般不作重复性规定。《妇女权益保障法》作为《条例》的上位法，对有关侵犯妇女权益的法律责任已经作了明确的规定，因此，可以不作重复性的规定。当然，本条指引条款对相关法律的指引，不仅限于《妇女权益保障法》，也包括其他法律、法规，在《反家庭暴力法》《劳动法》《治安管理处罚法》《民法典》等法律、法规，涉及侵害妇女合法权益的，也可以直接适用相关法律、法规进行追责。

二、指引条款适用的重点内容

本条主要是对《妇女权益保障法》法律责任条款的理解。具体包括以下几个方面。

第一，违反强制报告义务的法律责任。《妇女权益保障法》第七十九条规定："违反本法第二十二条第二款规定，未履行报告义务的，依法对直接负责的主管人员和其他直接责任人员给予处分。"这是对违反强制报告义务的法律责任的规定。在《妇女权益保障法》第二十二条第二款中，规定了各级人民政府和公安、民政、人力资源和社会保障、卫生健康等部门及村委会、居委会对被拐卖、绑架的妇女有按照各自的职责及时发现报告职责。这是新修订的《妇女权益保障法》的增设条款，核心在于强化有关部门的强制报告义务，以更好地保护妇女。而其承担法律责任的方式，主要是依法对直接负责的主管人员和其他直接责任人员给予处分。《条例》在第二十五条也对相关主体赋予了强制报告义务，因此，在追求相关主体法律责任时，可以直接适用《妇女权益保障法》第七十九条的相关规定。

第二，与性骚扰相关的法律责任。《妇女权益保障法》在第八十条规定："违反本法规定，对妇女实施性骚扰的，由公安机关给予批评教育或者出具告诫书，并由所在单位依法给予处分。学校、用人单位违反本法规定，未采取必要措施预防和制止性骚扰，造成妇女权益受到侵害或者社会影响恶劣的，由上级机关或者主管部门责令改正；拒不改正或者情节严重的，依法对直接负责的主管人员和其他直接责任人员给予处分。"该规定确立了两大类主体的法律责任：一是性骚扰的主体的法律责任。性骚扰的主体是违反《妇女权益保障法》规定，具体实施性骚扰，侵害妇女人身与人格权益的行为人。对于实施性骚扰的主体，其承担法律责任的方式，主要是由公安机关给予批评教育或者出具告诫书，并且通报所在单位，由所在单位依法给予处分。二是学校、用人单位的法律责任。即学校、用人单位违反《妇女权益保障法》第二十四条和第二十五条的规定，未采取必要措施预防和制止性骚扰，造成妇女权益受到侵害或者社会影响恶劣的，应当追究法律责任。学校、用人单位承担责任的方式有两种。先是由学校或单位的上级机关或者主管部门责令改正。如果拒不改正或者情节严重的，则依法对直接负责的主管人员和其他直接责任人员给予处分。《条例》在第二十六条、第二十七条和第二十八条中规定了个人、学校和单位的相关职责，因此，当个人、学校和单位违反相关职责时，可以直接适用《妇女权益保障法》在第八十条的相关规定。而《条例》中的第二十九条规定了交通部门在防范性骚扰方面的职责。其是上海地方立法的创新条款，在上位法中没有明确的法律责任条款，但基于交通部门在防范性骚扰职责方面与学校和单位比较类似，因此，可以参照《妇女权益保障法》在第八十条的相关规定进行归责。

第三，住宿经营者违反强制报告义务的法律责任。《妇女权益保障法》第八十一条规定，“违反本法第二十六条规定，未履行报告等义务的，依法给予警告、责令停业整顿或者吊销营业执照、吊销相关许可证,并处一万元以上五万元以下罚款”。这是对住宿经营者违反强制报告义务承担法律责任的规定。《妇女权益保障法》第二十六条规定:“住宿经营者应当及时准确登记住宿人员信息,健全住宿服务规章制度,加强安全保障措施;发现可能侵害妇女权益的违法犯罪行为,应当及时向公安机关报告。”该条规定住宿经营者发现可能侵害妇女权益的违法犯罪行为,有及时向公安机关报告的义务。其中的住宿经营者包括旅馆、宾馆、酒店及提供住宿服务的其他经营者。而其需要承担的法律责任,可以根据具体的情节,采取警告、责令停业整顿或者吊销营业执照、吊销相关许可证进行处罚,在作出上述处罚的同时,还可以并处一万元以上五万元以下罚款。《条例》第三十条对住宿经营者的法定职责作了相应的规定,并把文化娱乐场所的经营者和房屋出租人也纳入了强制报告义务主体范围。因此,只要违反了《条例》第三十条的相关规定,就可以按照《妇女权益保障法》第八十一条的规定进行归责。

第四,贬低损害妇女人格的法律责任。《妇女权益保障法》第八十二条规定,“违反本法规定,通过大众传播媒介或者其他方式贬低损害妇女人格的,由公安、网信、文化旅游、广播电视、新闻出版或者其他有关部门依据各自的职权责令改正,并依法给予行政处罚”。这是对利用大众传播媒介或者其他方式贬低损害妇女人格的行为科以法律责任的规定。《妇女权益保障法》第二十八条规定,“媒体报道涉及妇女事件应当客观、适度,不得通过夸大事实、过度渲染等方式侵害妇女的人格权益。禁止通过大众传播媒介或者其他方式贬低损害妇女人格”。这是适用第八十二条的条件。而对违反第二十八条规定的,可以由公安、网信、文化旅游、广播电视、新闻出版或者其他有关部门依据各自的职权责令改正,并依法给予行政处罚。《条例》在第二十四条作了相应的规定,因此,违反《条例》第二十四条相关规定的,可以依照《妇女权益保障法》第八十二条相关规定进行归责。

第五,用人单位的法律责任。用人单位的法律责任在《劳动法》《劳动合同法》《工会法》《劳动保障监察条例》等法律法规中已经有不少规定。对于用人单位侵害妇女权益的,很多可以直接适用其他相关法律。而《妇女权益保障法》第八十三条规定,“用人单位违反本法第四十三条和第四十八条规定的,由人力资源和社会保障部门责令改正;拒不改正或者情节严重的,处一万元以上五万元以下罚款”。其主要强调招录过程和结婚、怀孕、产假、哺乳及退休时不得歧视女性。因此,如果用人单位违反《条例》第四十一条和第四十五条的规定,在招录员工及单位女员工结婚、怀孕、产假、哺乳时存在歧视妇女的,可以依照《妇女权益保障法》第八十三条的规定进行追责。

第六十八条 用人单位侵害妇女劳动和社会保障权

益的，人力资源和社会保障部门可以联合工会、妇女联合会约谈用人单位，依法进行监督并要求其限期纠正。

［释义］ 本条是关于联合约谈制度的规定。

联合约谈制度是新修订的《妇女权益保障法》新设的制度。《妇女权益保障法》第七十四条规定："用人单位侵害妇女劳动和社会保障权益的，人力资源和社会保障部门可以联合工会、妇女联合会约谈用人单位，依法进行监督并要求其限期纠正。"该条设置在第八章救济措施中，表明国家立法把联合约谈制度的属性定位为妇女权益的救济措施。《条例》依据上位法，对联合约谈制度作了相应的规定。但《条例》并没有把联合约谈制度放在救济措施章节，而是放在法律责任章节。也就意味着《条例》把联合约谈制度定位为法律责任。

对联合约谈制度可以从以下几个方面理解：首先，联合约谈的适用情形。根据本条规定，可以启用联合约谈制度的适用情形是"用人单位侵害妇女劳动和社会保障权益"。用人单位侵害妇女劳动和社会保障权益的情形很多，包含了从求职、就业到离职的全部过程。具体情形可以触及《条例》第五章劳动和社会保障权益中所规定的所有情形。也就是说，只要用人单位侵犯了劳动和社会保障权益，人力资源和社会保障部门就可以启动联合约谈机制。其次，联合约谈的目的是加强监督和整改。联合约谈制度是进一步强化人力资源和社会保障部门对用人单位的监管，这是在其他监管制度之外新设置的一项制度。目的在于通过约谈，督促改正。这是惩前毖后的柔性责任机制，既能延伸职能部门的监管职能，又能避免用人单位被直接处罚所带来的不利影响，从而营造更好的营商环境。最后，联合约谈的形式是多部门联合。人力资源和社会保障部门作为主管部门，承担劳动和社会保障权益维护的职能。用人单位侵害妇女劳动和社会保障权益的，人力资源和社会保障部门可以根据具体的案情启动查处或约谈。启动约谈时，应当通知工会、妇联进行联合约谈，以更好地维护妇女劳动和社会保障权益。

第六十九条 国家机关及其工作人员在妇女权益保障工作中，未依法履行职责的，由其所在单位或者上级主管部门责令改正；玩忽职守、滥用职权、徇私舞弊的，由其所在单位或者上级主管部门依法对直接负责的主管人员和其他责任人员给予处分；构成犯罪的，依法追究刑事责任。

［释义］ 本条是关于国家机关及其工作人员法律责任的规定。

本条主要依据《妇女权益保障法》第八十四条的有关规定而制定。对于国家机关及其工作人员的法律责任，包括具有保障妇女权益职能的国家机关的法律责任，也包括履行国家机关保障妇女权益职能的工作人员的法律责任。《妇女权益保障法》第三条规定妇女权益保障机制是党委领导，政府主导。其赋予政府及有关部门最为重要的保障职能。国家机关及其工作人员不尽职履责，必然导致妇女权益难以保障、立法目的无法实现的后果。而对相关国家机关及其工作人员科以法律责任，则是促进和保障其尽职履责的重要机制。本条对国家机关及其工作人员法律责任的规定，涵盖了情节轻微、情节严重和情节特别严重三种情况，分别科以三种不同的法律责任。具体而言，可以从以下三个方面理解。

首先，对于未依法履行职责的法律责任。在《条例》中的规定是“国家机关及其工作人员在妇女权益保障工作中，未依法履行职责的，由其所在单位或者上级主管部门责令改正”。这是对国家机关及其工作人员未依法履行职责，情节轻微的责任认定。其包括几个要素：一是相关国家机关及其工作人员应当具有保护妇女权益的职责。二是应当履行保障职责，但却未履行的，也包含怠于履行。三是没有造成严重后果。而其法律责任则是由其所在单位或者上级主管部门责令改正，以敦促有关部门能够及时保障妇女权益。

其次，对于履职不当的法律责任。在《条例》中的规定是“玩忽职守、滥用职权、徇私舞弊的，由其所在单位或者上级主管部门依法对直接负责的主管人员和其他责任人员给予处分”。这是对国家机关及其工作人员履职不当情节严重的责任认定。其中既包括没有履职的情形，也包括履行不当的情形。但不管是消极履职还是履行不当，都是存在玩忽职守、滥用职权、徇私舞弊等情节较为严重的情形。也正是由于这些情节较为严重，所以应当科以更为严格的法律责任。因此，对于情节较为严重的情形，其法律责任就是由其所在单位或者上级主管部门依法对直接负责的主管人员和其他责任人员给予处分。

最后，涉及职务犯罪的法律责任。本条最后一句是"构成犯罪的，依法追究刑事责任"。本句前面是对未依法履职和履职不当的国家机关及其工作人员进行行政追责或监察追责的规定。而当直接负责的主管人员和其他责任人员未依法履职和履职不当，严重到触犯《刑法》时，则应当依据《刑法》的相关规定，追究其刑事责任。

第十章　附　　则

第七十条　本条例自2023年1月1日起施行。1994年12月8日上海市第十届人民代表大会常务委员会第十四次会议通过，1997年5月27日上海市第十届人民代表大会常务委员会第三十六次会议第一次修正，2007年4月26日上海市第十二届人民代表大会常务委员会第三十五次会议第二次修正的《上海市实施〈中华人民共和国妇女权益保障法〉办法》同时废止。

［释义］　本条是关于法规实施日期的规定和相关原法规废止的规定。

一、关于施行日期

法律效力包括时间效力、空间效力和对人的效力三个方面。其中,法律的时间效力,是指法律效力的起始和终止的时限以及对法律实施以前的事件和行为是否有溯及力的问题。法律施行日期,即法律的生效日期。《上海市妇女权益保障条例》是在新修订的《中华人民共和国妇女权益保障法》颁布实施后的第一部地方妇女权益保障法律,其中很多条款都依据上位法并加入了上海特色,为保障法律的权威和约束力,又为实现与上位法同步宣传、同步实施的社会效应,经市人大常委会审议,最终一致通过于 2023 年 1 月 1 日与上位法同步实施生效。溯及力是法律溯及既往的效力,就现代法而言,法律一般只能适用于生效后发生的事件和行为,不适用于生效前的事件和行为,即采取法律不溯及既往的原则。

二、关于废止《上海市实施〈中华人民共和国妇女权益保障法〉办法》(以下简称《实施办法》)的规定

当前,各省区市实施的妇女权益保障法律法规,多为"实施办法",省级层面以条例形式出台妇女权益保障相关地方法规的,从国家法律法规数据库查阅相关信息,目前有天津市、宁夏回族自治区、河北省、重庆市、江苏省和上海市,其他多为地级市制定的妇女权益保障条例。上海市于 1994 年 12 月通过的《实施办法》,有力保障了本市妇女的各项合法权益。此后,《实施办法》根据上位法修改和本市的经济社会发展情况,分别于1997年、2007年进行了两次修改。2022年,市人大常委会决定对《实施办法》通过立新废旧的方式进行修改,并列入正式立法项目。从原《实施办法》的九章四十七条到《条例》的十章七十条,极大地丰富了条文内容,固化了多年来本市维权工作机制,回应了近年来妇女群众的权益需求,是我市以人民为中心全力保障妇女人权的又一生动实践和法治成果。《条例》实施生效之日起《实施办法》同步废止。

第二部分

附　　录

上海市人民代表大会常务委员会公告

《上海市妇女权益保障条例》已由上海市第十五届人民代表大会常务委员会第四十六次会议于 2022 年 11 月 23 日通过,现予公布,自 2023 年 1 月 1 日起施行。

上海市人民代表大会常务委员会

2022 年 11 月 23 日

关于《上海市妇女权益保障条例(草案)》的说明

——2022年6月21日在上海市第十五届人民代表大会常务委员会第四十一次会议上

上海市人大社会建设委员会主任委员　阎祖强

主任、各位副主任、秘书长、各位委员：

我受市人大社会建设委员会的委托，就《上海市妇女权益保障条例(草案)》(以下简称《条例(草案)》)，作如下说明。

一、立法的背景和过程

党的十八大以来，以习近平同志为核心的党中央对保障妇女合法权益、促进男女平等和妇女全面发展等作出一系列重要部署。为贯彻落实党中央决策部署，全国人大常委会正在对《妇女权益保障法》进行全面修订，目前已经进入二审程序。

市人大常委会高度重视妇女权益保障工作。1994年12月通过的《上海市实施〈中华人民共和国妇女权益保障法〉办法》(以下简称《实施办法》)，有力保障了本市妇女的各项合法权益。此后，《实施办法》根据上位法修改和本市的经济社会发展情况，分别于 1997 年、2007 年进行了两次修改。

2020 年，市人大社会委和市妇联共同委托上海社科院法学研究所和市立法研究所，开展修改《实施办法》的课题研究。2021 年 6 月，全国人大常委会沈跃跃副委员长率队来沪开展《妇女权益保障法》修法调研，为本市修法工作进一步指明方向。2022 年，市人大常委会决定对《实施办法》通过废旧立新的方式进行修改，并列入正式立法项目。市人大常委会蒋卓庆主任、小玫、陈靖副主任高度重视立法工作，开展专题调研，明确工作要求。市人大社会委与市妇联、市人大常委会法工委联合开展立法调研，克服疫情影响，通过线上线下相结合等形式，多次听取了人大代表、基层立法联系点、专家学者及 30 余家相关单位的意见建议，形成了《条例(草案)》。市人大社会委召开第 23 次委员会会议，对《条例(草案)》及其说明进行了审议。

二、《条例(草案)》的立法思路

《条例(草案)》在总体思路上，主要把握以下四点：

一是贯彻落实党中央决策部署和习近平总书记重要指示精神。认真贯彻习近平总书记一系列重要指示精神，全面坚持党对妇女权益保障工作的领导，落实男女平等基本国策，根据上位法修改精神对妇女的政治权利、人身和人格权益、文化和教育权益、劳动和社会保障权益、财产权益、婚姻家庭权益实施“六位一体”的保障。

二是着力突出上海经济社会发展特点和妇女事业发展特色。彰显上海妇女工作的传承与创新,弘扬妇女运动的红色基因,探索促进性别平等的制度措施。回应了广大妇女群众最关心、最直接、最现实的利益问题,根据我市实际完善了相关救济措施等。

三是总结本轮疫情防控工作中的相关经验。支持妇女在社会治理和社区公共事务服务中发挥更有效的作用。针对疫情防控中部分妇女遇到的实际困难,强调在突发事件应对和社会救助工作中对妇女特殊需求的保障。

四是坚持法治统一原则。处理好《条例(草案)》与《妇女权益保障法》的关系,在框架结构和部分重要条款上与上位法保持一致,同时根据本市实际对上位法有关条款进行细化落实。处理好《条例(草案)》与《民法典》等相关法律法规之间的关系,与各项法律制度相衔接、相呼应。

三、《条例(草案)》废旧立新的主要内容

《条例(草案)》共分 10 章,条文数从《实施办法》的四十七条增加到七十条,主要修改内容如下:

(一) 完善妇女权益保障工作指导思想

一是明确坚持中国共产党对妇女权益保障工作的领导,建立政府主导、各方协同、社会参与的保障妇女权益工作机制。(第四条)

二是明确保障妇女的权益是全社会的共同责任。完善做好妇女工作的责任体系，明确本市在采取必要措施保护妇女依法享有的特殊权益同时，保障男女两性享有同等机会，获得同等资源，得到同等发展；明确本市建立健全妇女发展状况统计调查制度，完善性别统计监测指标体系；明确本市建立健全性别平等咨询评估制度。（第二条、第三条、第九条、第十条）

三是突出传承创新。明确本市弘扬上海妇女运动优良传统，传承红色基因，充分发挥妇女在经济社会各个方面的积极作用，支持和鼓励妇女参与社会治理和社区公共事务服务。（第七条）

四是为妇女工作赋能增效。明确本市将保障妇女合法权益、促进性别平等作为全面推进城市数字化转型的重要内容之一；强化本市开展男女平等和维护妇女权益方面的宣传教育。（第十一条、第十二条）

（二）强化妇女政治权利保障

一是保障男女享有平等的选举权和被选举权。明确各级人民代表大会、居（村）委会及职工代表大会中，妇女应当有适当的名额。（第十五条）

二是践行全过程人民民主重要理念。明确各级妇联代表妇女积极参与国家和社会事务的民主协商、民主决策、民主管理和民主监督，明确各级妇联、基层妇女议事会要畅通诉求表达渠道，倾听妇女意见，反映妇女诉求。（第

十八条）

（三）强化妇女人身和人格权益保障

将原《实施办法》的第六章调整至第三章，并完善了相关内容。一是增加妇女的生命权、身体权等人格权益不受侵犯的规定。根据我市实际补充细化了保护妇女生命健康、人身自由、人格尊严的禁止性规定。同时根据上位法精神，补充细化了反拐卖妇女、学校、单位和公共场所防治性骚扰，以及加强公共设施保障等条款。二是加强妇女健康权益保障力度。对增加妇科病、乳腺病的筛查次数和筛查项目，推动适龄女性接种宫颈癌疫苗做出规定。（第二十条至第三十一条）

（四）强化妇女文化教育权益保障

一是明确了保障妇女与男子平等的文化教育权利。完善了教育机会均等，以及保障义务教育、终身教育权益等相关内容。二是完善了女性人才选拔培养的相关制度和措施。保障妇女从事科技、文化等活动的权利，发挥女性人才在本市加快建设高水平人才高地中的作用。（第三十二条至三十六条）

（五）强化妇女劳动和社会保障权益保障

一是明确了用人单位为女职工建立妇幼保健设施的要求，妥善解决女职工在生理卫生、哺乳和照料婴儿方面的困难。二是明确平台经济等新业态保障妇女劳动权益的新要求。三是明确在应急突发事件中保障好妇女的特

殊物质需求。(第四十二条、第四十四条、第四十七条)

(六) 强化妇女财产权益保障

一是根据上位法精神,《条例(草案)》细化了离婚时夫妻共同财产的处理规定。二是加强了对农村妇女的权益保障力度。明确村民自治章程、村规民约、村民会议决定等不得侵害妇女合法权益。(第四十九条、第五十条、第五十一条)

(七) 强化妇女婚姻家庭权益保障

保障妇女享有与男子平等的婚姻家庭权益,强化了相关部门对家庭教育的责任,保障妇女生育自由等权益,并明确公安机关应当将家庭暴力案件纳入接警受理范围,加大了对家庭暴力的处置力度。(第五十二条至第六十条)

(八) 强化对困难妇女的救济措施

新增"救济措施"章节,完善了控告检举、救助支持、督促执行、妇联救济等不同的救济形式。明确了检察机关对侵害妇女权益的违法行为可以发出检察建议或者提起公益诉讼的情形。(第六十一条至第六十五条)

《条例(草案)》及以上说明,请予审议。

上海市人民代表大会法制委员会关于《上海市妇女权益保障条例(草案)》审议结果的报告

——2022年11月22日在上海市第十五届人民代表大会常务委员会第四十六次会议上

上海市人大法制委员会委员　李碧影

主任、各位副主任、秘书长、各位委员：

市十五届人大常委会第四十一次会议对市人大社会建设委员会关于提请审议《上海市妇女权益保障条例(草案)》(以下简称条例草案)的议案进行了审议。常委会组成人员认为,为了保障妇女的合法权益,促进男女平等和妇女全面发展,充分发挥妇女在全面建设社会主义现代化国家中的作用,制定本条例是必要的。同时,常委会组成人员对条例草案提出了一些修改意见。

会后,常委会法工委会同市人大社会建设委员会、市妇联共同对条例草案进行了修改,形成了征求意见稿,向社会公开征求意见,并发各区人大常委会、市人大代表、基层立法联系点及有关方面征求意见。在此基础上,法工委会同市人大社会建设委员会、市妇联,根据各方面的意见和建议，对条例草案作了修改完善。11月11日，法制委员会召开会议，根据常委会组成人员的审议意见以及其他各方面提出的意见，对条例草案进行了审议。市人大社会建设委员会的负责同志列席了会议。现将修改情况和审议结果报告如下：

一、关于立法的指导思想

市人大社会建设委员会和有的委员提出，根据习近平总书记对妇女工作的重要论述和党的二十大关于妇女工作的最新要求等，对条例草案的相关内容作进一步修改。经研究，法制委员会建议，对条例草案第七条、第三十七条的有关内容进行相应的修改完善。（条例草案修改稿第四条、第四十条）

二、关于社会参与

市人大社会建设委员会和有的委员提出，在条例草案第八条中增加关于支持和鼓励社会组织为女性服务的内容。经研究，法制委员会建议，第八条增加一款，明确“本市支持和鼓励社会组织为妇女提供专业化、个性化服务”。（条例草案修改稿第八条第三款）

三、关于疫苗接种

有的委员提出，根据国家和本市关于疫苗管理的有关规定，对条例草案第三十条中疫苗接种的内容进行修改。经会同市卫生健康、财政等部门研究，法制委员会建议，将相关内容修改为“本市鼓励适龄女性接种宫颈癌疫苗，推动为适龄女性未成年人按照有关规定接种宫颈癌疫苗。具体办法由市卫生健康、财政等相关部门制定”。（条例草案修改稿第三十二条第四款）

四、关于困难妇女就业保障

市人大社会建设委员会和有的委员提出，在条例草案第四十四条中增加关于对外来务工妇女、困难妇女的就业支持等内容。经研究，法制委员会建议，将第四十四条修改为“各级人民政府和有关部门应当采取措施，按照有关规定为困难妇女提供就业创业支持等服务。本市关心关爱外来务工妇女”。（条例草案修改稿第四十六条）

五、关于生育保障

有委员提出，根据国家关于生育支持措施的指导意见，并结合本市相关规定，对条例草案第四十五条作进一步修改。经研究，法制委员会建议，对未就业妇女、领取失业保险金的妇女、灵活就业妇女的生育待遇，以及加强生殖健康服务等作出规定。（条例草案修改稿第四十七条）

六、关于落实上位法规定

2022 年 10 月 30 日，《中华人民共和国妇女权益保障法》修订通过。经会同市人大社会建设委员会研究，法制委员会建议，对照上位法的规定，对条例草案进行全面梳理，对相关内容作相应的修改完善。（条例草案修改稿第十条、第二十一条、第二十五条、第四十六条、第五十二条、第六十四条、第六十八条等）

此外，对条例草案的一些文字作了修改，条款顺序也作了相应调整。

法制委员会已按上述意见对条例草案作了修改，提出了条例草案修改稿。

条例草案修改稿和以上报告，请予审议。

上海市人民代表大会法制委员会关于《上海市妇女权益保障条例(草案)》(修改稿)修改情况的报告

——2022 年 11 月 23 日在上海市第十五届人民代表大会常务委员会第四十六次会议上

上海市人大法制委员会委员　李碧影

主任、各位副主任、秘书长、各位委员:

市十五届人大常委会第四十六次会议对《上海市妇女权益保障条例(草案)》(修改稿)(以下简称草案修改稿)进行了审议,常委会组成人员未提出修改意见。法制委员会于 11 月 22 日召开会议,市人大社会建设委员会的负责同志列席了会议。法制委员会对草案修改稿进行了审议,提出了草案表决稿,建议本次常委会会议审议通过,并建议自 2023 年 1 月 1 日起施行。

草案表决稿和以上报告,请予审议。

中华人民共和国妇女权益保障法

（1992年4月3日第七届全国人民代表大会第五次会议通过　根据2005年8月28日第十届全国人民代表大会常务委员会第十七次会议《关于修改〈中华人民共和国妇女权益保障法〉的决定》第一次修正　根据2018年10月26日第十三届全国人民代表大会常务委员会第六次会议《关于修改〈中华人民共和国野生动物保护法〉等十五部法律的决定》第二次修正　2022年10月30日第十三届全国人民代表大会常务委员会第三十七次会议修订）

第一章　总　　则

第一条　为了保障妇女的合法权益，促进男女平等和妇女全面发展，充分发挥妇女在全面建设社会主义现代化国家中的作用，弘扬社会主义核心价值观，根据宪法，制定本法。

第二条　男女平等是国家的基本国策。妇女在政治的、经济的、文化的、社会的和家庭的生活等各方面享有同男子平等的权利。

国家采取必要措施，促进男女平等，消除对妇女一切形式的歧视，禁止排斥、限制妇女依法享有和行使各项权益。

国家保护妇女依法享有的特殊权益。

第三条 坚持中国共产党对妇女权益保障工作的领导，建立政府主导、各方协同、社会参与的保障妇女权益工作机制。

各级人民政府应当重视和加强妇女权益的保障工作。

县级以上人民政府负责妇女儿童工作的机构，负责组织、协调、指导、督促有关部门做好妇女权益的保障工作。

县级以上人民政府有关部门在各自的职责范围内做好妇女权益的保障工作。

第四条 保障妇女的合法权益是全社会的共同责任。国家机关、社会团体、企业事业单位、基层群众性自治组织以及其他组织和个人，应当依法保障妇女的权益。

国家采取有效措施，为妇女依法行使权利提供必要的条件。

第五条 国务院制定和组织实施中国妇女发展纲要，将其纳入国民经济和社会发展规划，保障和促进妇女在各领域的全面发展。

县级以上地方各级人民政府根据中国妇女发展纲要，制定和组织实施本行政区域的妇女发展规划，将其纳入国民经济和社会发展规划。

县级以上人民政府应当将妇女权益保障所需经费列入本级预算。

第六条 中华全国妇女联合会和地方各级妇女联合

会依照法律和中华全国妇女联合会章程,代表和维护各族各界妇女的利益,做好维护妇女权益、促进男女平等和妇女全面发展的工作。

工会、共产主义青年团、残疾人联合会等群团组织应当在各自的工作范围内,做好维护妇女权益的工作。

第七条 国家鼓励妇女自尊、自信、自立、自强,运用法律维护自身合法权益。

妇女应当遵守国家法律,尊重社会公德、职业道德和家庭美德,履行法律所规定的义务。

第八条 有关机关制定或者修改涉及妇女权益的法律、法规、规章和其他规范性文件,应当听取妇女联合会的意见,充分考虑妇女的特殊权益,必要时开展男女平等评估。

第九条 国家建立健全妇女发展状况统计调查制度,完善性别统计监测指标体系,定期开展妇女发展状况和权益保障统计调查和分析,发布有关信息。

第十条 国家将男女平等基本国策纳入国民教育体系,开展宣传教育,增强全社会的男女平等意识,培育尊重和关爱妇女的社会风尚。

第十一条 国家对保障妇女合法权益成绩显著的组织和个人,按照有关规定给予表彰和奖励。

第二章 政治权利

第十二条 国家保障妇女享有与男子平等的政治

权利。

第十三条 妇女有权通过各种途径和形式,依法参与管理国家事务、管理经济和文化事业、管理社会事务。

妇女和妇女组织有权向各级国家机关提出妇女权益保障方面的意见和建议。

第十四条 妇女享有与男子平等的选举权和被选举权。

全国人民代表大会和地方各级人民代表大会的代表中,应当保证有适当数量的妇女代表。国家采取措施,逐步提高全国人民代表大会和地方各级人民代表大会的妇女代表的比例。

居民委员会、村民委员会成员中,应当保证有适当数量的妇女成员。

第十五条 国家积极培养和选拔女干部,重视培养和选拔少数民族女干部。

国家机关、群团组织、企业事业单位培养、选拔和任用干部,应当坚持男女平等的原则,并有适当数量的妇女担任领导成员。

妇女联合会及其团体会员,可以向国家机关、群团组织、企业事业单位推荐女干部。

国家采取措施支持女性人才成长。

第十六条 妇女联合会代表妇女积极参与国家和社会事务的民主协商、民主决策、民主管理和民主监督。

第十七条 对于有关妇女权益保障工作的批评或者合理可行的建议，有关部门应当听取和采纳；对于有关侵害妇女权益的申诉、控告和检举，有关部门应当查清事实，负责处理，任何组织和个人不得压制或者打击报复。

第三章 人身和人格权益

第十八条 国家保障妇女享有与男子平等的人身和人格权益。

第十九条 妇女的人身自由不受侵犯。禁止非法拘禁和以其他非法手段剥夺或者限制妇女的人身自由；禁止非法搜查妇女的身体。

第二十条 妇女的人格尊严不受侵犯。禁止用侮辱、诽谤等方式损害妇女的人格尊严。

第二十一条 妇女的生命权、身体权、健康权不受侵犯。禁止虐待、遗弃、残害、买卖以及其他侵害女性生命健康权益的行为。

禁止进行非医学需要的胎儿性别鉴定和选择性别的人工终止妊娠。

医疗机构施行生育手术、特殊检查或者特殊治疗时，应当征得妇女本人同意；在妇女与其家属或者关系人意见不一致时，应当尊重妇女本人意愿。

第二十二条 禁止拐卖、绑架妇女；禁止收买被拐卖、绑架的妇女；禁止阻碍解救被拐卖、绑架的妇女。

各级人民政府和公安、民政、人力资源和社会保障、卫生健康等部门及村民委员会、居民委员会按照各自的职责及时发现报告,并采取措施解救被拐卖、绑架的妇女,做好被解救妇女的安置、救助和关爱等工作。妇女联合会协助和配合做好有关工作。任何组织和个人不得歧视被拐卖、绑架的妇女。

第二十三条 禁止违背妇女意愿,以言语、文字、图像、肢体行为等方式对其实施性骚扰。

受害妇女可以向有关单位和国家机关投诉。接到投诉的有关单位和国家机关应当及时处理,并书面告知处理结果。

受害妇女可以向公安机关报案,也可以向人民法院提起民事诉讼,依法请求行为人承担民事责任。

第二十四条 学校应当根据女学生的年龄阶段,进行生理卫生、心理健康和自我保护教育,在教育、管理、设施等方面采取措施,提高其防范性侵害、性骚扰的自我保护意识和能力,保障女学生的人身安全和身心健康发展。

学校应当建立有效预防和科学处置性侵害、性骚扰的工作制度。对性侵害、性骚扰女学生的违法犯罪行为,学校不得隐瞒,应当及时通知受害未成年女学生的父母或者其他监护人,向公安机关、教育行政部门报告,并配合相关部门依法处理。

对遭受性侵害、性骚扰的女学生,学校、公安机关、教育行政部门等相关单位和人员应当保护其隐私和个人信息,并提供必要的保护措施。

第二十五条 用人单位应当采取下列措施预防和制止对妇女的性骚扰:

(一) 制定禁止性骚扰的规章制度;

(二) 明确负责机构或者人员;

(三) 开展预防和制止性骚扰的教育培训活动;

(四) 采取必要的安全保卫措施;

(五) 设置投诉电话、信箱等,畅通投诉渠道;

(六) 建立和完善调查处置程序,及时处置纠纷并保护当事人隐私和个人信息;

(七) 支持、协助受害妇女依法维权,必要时为受害妇女提供心理疏导;

(八) 其他合理的预防和制止性骚扰措施。

第二十六条 住宿经营者应当及时准确登记住宿人员信息,健全住宿服务规章制度,加强安全保障措施;发现可能侵害妇女权益的违法犯罪行为,应当及时向公安机关报告。

第二十七条 禁止卖淫、嫖娼;禁止组织、强迫、引诱、容留、介绍妇女卖淫或者对妇女进行猥亵活动;禁止组织、强迫、引诱、容留、介绍妇女在任何场所或者利用网络进行淫秽表演活动。

第二十八条 妇女的姓名权、肖像权、名誉权、荣誉权、隐私权和个人信息等人格权益受法律保护。

媒体报道涉及妇女事件应当客观、适度，不得通过夸大事实、过度渲染等方式侵害妇女的人格权益。

禁止通过大众传播媒介或者其他方式贬低损害妇女人格。未经本人同意，不得通过广告、商标、展览橱窗、报纸、期刊、图书、音像制品、电子出版物、网络等形式使用妇女肖像，但法律另有规定的除外。

第二十九条 禁止以恋爱、交友为由或者在终止恋爱关系、离婚之后，纠缠、骚扰妇女，泄露、传播妇女隐私和个人信息。

妇女遭受上述侵害或者面临上述侵害现实危险的，可以向人民法院申请人身安全保护令。

第三十条 国家建立健全妇女健康服务体系，保障妇女享有基本医疗卫生服务，开展妇女常见病、多发病的预防、筛查和诊疗，提高妇女健康水平。

国家采取必要措施，开展经期、孕期、产期、哺乳期和更年期的健康知识普及、卫生保健和疾病防治，保障妇女特殊生理时期的健康需求，为有需要的妇女提供心理健康服务支持。

第三十一条 县级以上地方人民政府应当设立妇幼保健机构，为妇女提供保健以及常见病防治服务。

国家鼓励和支持社会力量通过依法捐赠、资助或者提供志愿服务等方式，参与妇女卫生健康事业，提供安全的生理健康用品或者服务，满足妇女多样化、差异化的健康需求。

用人单位应当定期为女职工安排妇科疾病、乳腺疾病检查以及妇女特殊需要的其他健康检查。

第三十二条 妇女依法享有生育子女的权利，也有不生育子女的自由。

第三十三条 国家实行婚前、孕前、孕产期和产后保健制度，逐步建立妇女全生育周期系统保健制度。医疗保健机构应当提供安全、有效的医疗保健服务，保障妇女生育安全和健康。

有关部门应当提供安全、有效的避孕药具和技术，保障妇女的健康和安全。

第三十四条 各级人民政府在规划、建设基础设施时，应当考虑妇女的特殊需求，配备满足妇女需要的公共厕所和母婴室等公共设施。

第四章 文化教育权益

第三十五条 国家保障妇女享有与男子平等的文化教育权利。

第三十六条 父母或者其他监护人应当履行保障适龄女性未成年人接受并完成义务教育的义务。

对无正当理由不送适龄女性未成年人入学的父母或者其他监护人，由当地乡镇人民政府或者县级人民政府教育行政部门给予批评教育，依法责令其限期改正。居民委员会、村民委员会应当协助政府做好相关工作。

政府、学校应当采取有效措施，解决适龄女性未成年人就学存在的实际困难，并创造条件，保证适龄女性未成年人完成义务教育。

第三十七条 学校和有关部门应当执行国家有关规定，保障妇女在入学、升学、授予学位、派出留学、就业指导和服务等方面享有与男子平等的权利。

学校在录取学生时，除国家规定的特殊专业外，不得以性别为由拒绝录取女性或者提高对女性的录取标准。

各级人民政府应当采取措施，保障女性平等享有接受中高等教育的权利和机会。

第三十八条 各级人民政府应当依照规定把扫除妇女中的文盲、半文盲工作，纳入扫盲和扫盲后继续教育规划，采取符合妇女特点的组织形式和工作方法，组织、监督有关部门具体实施。

第三十九条 国家健全全民终身学习体系，为妇女终身学习创造条件。

各级人民政府和有关部门应当采取措施，根据城镇和农村妇女的需要，组织妇女接受职业教育和实用技术培训。

第四十条 国家机关、社会团体和企业事业单位应当执行国家有关规定，保障妇女从事科学、技术、文学、艺术和其他文化活动，享有与男子平等的权利。

第五章　劳动和社会保障权益

第四十一条　国家保障妇女享有与男子平等的劳动权利和社会保障权利。

第四十二条　各级人民政府和有关部门应当完善就业保障政策措施，防止和纠正就业性别歧视，为妇女创造公平的就业创业环境，为就业困难的妇女提供必要的扶持和援助。

第四十三条　用人单位在招录(聘)过程中，除国家另有规定外，不得实施下列行为：

(一) 限定为男性或者规定男性优先；

(二) 除个人基本信息外，进一步询问或者调查女性求职者的婚育情况；

(三) 将妊娠测试作为入职体检项目；

(四) 将限制结婚、生育或者婚姻、生育状况作为录(聘)用条件；

(五) 其他以性别为由拒绝录(聘)用妇女或者差别化地提高对妇女录(聘)用标准的行为。

第四十四条　用人单位在录(聘)用女职工时，应当依法与其签订劳动(聘用)合同或者服务协议，劳动(聘用)合同或者服务协议中应当具备女职工特殊保护条款，并不得规定限制女职工结婚、生育等内容。

职工一方与用人单位订立的集体合同中应当包含男女平等和女职工权益保护相关内容，也可以就相关内容制定专章、附件或者单独订立女职工权益保护专项集体合同。

第四十五条 实行男女同工同酬。妇女在享受福利待遇方面享有与男子平等的权利。

第四十六条 在晋职、晋级、评聘专业技术职称和职务、培训等方面，应当坚持男女平等的原则，不得歧视妇女。

第四十七条 用人单位应当根据妇女的特点，依法保护妇女在工作和劳动时的安全、健康以及休息的权利。

妇女在经期、孕期、产期、哺乳期受特殊保护。

第四十八条 用人单位不得因结婚、怀孕、产假、哺乳等情形，降低女职工的工资和福利待遇，限制女职工晋职、晋级、评聘专业技术职称和职务，辞退女职工，单方解除劳动(聘用)合同或者服务协议。

女职工在怀孕以及依法享受产假期间，劳动(聘用)合同或者服务协议期满的，劳动(聘用)合同或者服务协议期限自动延续至产假结束。但是，用人单位依法解除、终止劳动(聘用)合同、服务协议，或者女职工依法要求解除、终止劳动(聘用)合同、服务协议的除外。

用人单位在执行国家退休制度时，不得以性别为由歧视妇女。

第四十九条 人力资源和社会保障部门应当将招聘、

录取、晋职、晋级、评聘专业技术职称和职务、培训、辞退等过程中的性别歧视行为纳入劳动保障监察范围。

第五十条 国家发展社会保障事业，保障妇女享有社会保险、社会救助和社会福利等权益。

国家提倡和鼓励为帮助妇女而开展的社会公益活动。

第五十一条 国家实行生育保险制度，建立健全婴幼儿托育服务等与生育相关的其他保障制度。

国家建立健全职工生育休假制度，保障孕产期女职工依法享有休息休假权益。

地方各级人民政府和有关部门应当按照国家有关规定，为符合条件的困难妇女提供必要的生育救助。

第五十二条 各级人民政府和有关部门应当采取必要措施，加强贫困妇女、老龄妇女、残疾妇女等困难妇女的权益保障，按照有关规定为其提供生活帮扶、就业创业支持等关爱服务。

第六章 财产权益

第五十三条 国家保障妇女享有与男子平等的财产权利。

第五十四条 在夫妻共同财产、家庭共有财产关系中，不得侵害妇女依法享有的权益。

第五十五条 妇女在农村集体经济组织成员身份确认、土地承包经营、集体经济组织收益分配、土地征收补偿安置或者征用补偿以及宅基地使用等方面，享有与男子平等的权利。

申请农村土地承包经营权、宅基地使用权等不动产登记，应当在不动产登记簿和权属证书上将享有权利的妇女等家庭成员全部列明。征收补偿安置或者征用补偿协议应当将享有相关权益的妇女列入，并记载权益内容。

第五十六条 村民自治章程、村规民约，村民会议、村民代表会议的决定以及其他涉及村民利益事项的决定，不得以妇女未婚、结婚、离婚、丧偶、户无男性等为由，侵害妇女在农村集体经济组织中的各项权益。

因结婚男方到女方住所落户的，男方和子女享有与所在地农村集体经济组织成员平等的权益。

第五十七条 国家保护妇女在城镇集体所有财产关系中的权益。妇女依照法律、法规的规定享有相关权益。

第五十八条 妇女享有与男子平等的继承权。妇女依法行使继承权，不受歧视。

丧偶妇女有权依法处分继承的财产，任何组织和个人不得干涉。

第五十九条 丧偶儿媳对公婆尽了主要赡养义务的，作为第一顺序继承人，其继承权不受子女代位继承的影响。

第七章 婚姻家庭权益

第六十条 国家保障妇女享有与男子平等的婚姻家

庭权利。

第六十一条 国家保护妇女的婚姻自主权。禁止干涉妇女的结婚、离婚自由。

第六十二条 国家鼓励男女双方在结婚登记前,共同进行医学检查或者相关健康体检。

第六十三条 婚姻登记机关应当提供婚姻家庭辅导服务,引导当事人建立平等、和睦、文明的婚姻家庭关系。

第六十四条 女方在怀孕期间、分娩后一年内或者终止妊娠后六个月内,男方不得提出离婚;但是,女方提出离婚或者人民法院认为确有必要受理男方离婚请求的除外。

第六十五条 禁止对妇女实施家庭暴力。

县级以上人民政府有关部门、司法机关、社会团体、企业事业单位、基层群众性自治组织以及其他组织,应当在各自的职责范围内预防和制止家庭暴力,依法为受害妇女提供救助。

第六十六条 妇女对夫妻共同财产享有与其配偶平等的占有、使用、收益和处分的权利,不受双方收入状况等情形的影响。

对夫妻共同所有的不动产以及可以联名登记的动产,女方有权要求在权属证书上记载其姓名;认为记载的权利人、标的物、权利比例等事项有错误的,有权依法申请更正登记或者异议登记,有关机构应当按照其申请依法办理相应登记手续。

第六十七条　离婚诉讼期间，夫妻一方申请查询登记在对方名下财产状况且确因客观原因不能自行收集的，人民法院应当进行调查取证，有关部门和单位应当予以协助。

离婚诉讼期间，夫妻双方均有向人民法院申报全部夫妻共同财产的义务。一方隐藏、转移、变卖、损毁、挥霍夫妻共同财产，或者伪造夫妻共同债务企图侵占另一方财产的，在离婚分割夫妻共同财产时，对该方可以少分或者不分财产。

第六十八条　夫妻双方应当共同负担家庭义务，共同照顾家庭生活。

女方因抚育子女、照料老人、协助男方工作等负担较多义务的，有权在离婚时要求男方予以补偿。补偿办法由双方协议确定；协议不成的，可以向人民法院提起诉讼。

第六十九条　离婚时，分割夫妻共有的房屋或者处理夫妻共同租住的房屋，由双方协议解决；协议不成的，可以向人民法院提起诉讼。

第七十条　父母双方对未成年子女享有平等的监护权。

父亲死亡、无监护能力或者有其他情形不能担任未成年子女的监护人的，母亲的监护权任何组织和个人不得干涉。

第七十一条　女方丧失生育能力的，在离婚处理子女抚养问题时，应当在最有利于未成年子女的条件下，优先考虑女方的抚养要求。

第八章　救济措施

第七十二条　对侵害妇女合法权益的行为，任何组织和个人都有权予以劝阻、制止或者向有关部门提出控告或者检举。有关部门接到控告或者检举后，应当依法及时处理，并为控告人、检举人保密。

妇女的合法权益受到侵害的，有权要求有关部门依法处理，或者依法申请调解、仲裁，或者向人民法院起诉。

对符合条件的妇女，当地法律援助机构或者司法机关应当给予帮助，依法为其提供法律援助或者司法救助。

第七十三条　妇女的合法权益受到侵害的，可以向妇女联合会等妇女组织求助。妇女联合会等妇女组织应当维护被侵害妇女的合法权益，有权要求并协助有关部门或者单位查处。有关部门或者单位应当依法查处，并予以答复；不予处理或者处理不当的，县级以上人民政府负责妇女儿童工作的机构、妇女联合会可以向其提出督促处理意见，必要时可以提请同级人民政府开展督查。

受害妇女进行诉讼需要帮助的，妇女联合会应当给予支持和帮助。

第七十四条　用人单位侵害妇女劳动和社会保障权益的，人力资源和社会保障部门可以联合工会、妇女联合会约谈用人单位，依法进行监督并要求其限期纠正。

第七十五条 妇女在农村集体经济组织成员身份确认等方面权益受到侵害的，可以申请乡镇人民政府等进行协调，或者向人民法院起诉。

乡镇人民政府应当对村民自治章程、村规民约，村民会议、村民代表会议的决定以及其他涉及村民利益事项的决定进行指导，对其中违反法律、法规和国家政策规定，侵害妇女合法权益的内容责令改正；受侵害妇女向农村土地承包仲裁机构申请仲裁或者向人民法院起诉的，农村土地承包仲裁机构或者人民法院应当依法受理。

第七十六条 县级以上人民政府应当开通全国统一的妇女权益保护服务热线，及时受理、移送有关侵害妇女合法权益的投诉、举报；有关部门或者单位接到投诉、举报后，应当及时予以处置。

鼓励和支持群团组织、企业事业单位、社会组织和个人参与建设妇女权益保护服务热线，提供妇女权益保护方面的咨询、帮助。

第七十七条 侵害妇女合法权益，导致社会公共利益受损的，检察机关可以发出检察建议；有下列情形之一的，检察机关可以依法提起公益诉讼：

(一) 确认农村妇女集体经济组织成员身份时侵害妇女权益或者侵害妇女享有的农村土地承包和集体收益、土地征收征用补偿分配权益和宅基地使用权益；

（二）侵害妇女平等就业权益；

（三）相关单位未采取合理措施预防和制止性骚扰；

（四）通过大众传播媒介或者其他方式贬低损害妇女人格；

（五）其他严重侵害妇女权益的情形。

第七十八条 国家机关、社会团体、企业事业单位对侵害妇女权益的行为，可以支持受侵害的妇女向人民法院起诉。

第九章 法律责任

第七十九条 违反本法第二十二条第二款规定，未履行报告义务的，依法对直接负责的主管人员和其他直接责任人员给予处分。

第八十条 违反本法规定，对妇女实施性骚扰的，由公安机关给予批评教育或者出具告诫书，并由所在单位依法给予处分。

学校、用人单位违反本法规定，未采取必要措施预防和制止性骚扰，造成妇女权益受到侵害或者社会影响恶劣的，由上级机关或者主管部门责令改正；拒不改正或者情节严重的，依法对直接负责的主管人员和其他直接责任人员给予处分。

第八十一条 违反本法第二十六条规定，未履行报告等义务的，依法给予警告、责令停业整顿或者吊销营业执照、吊销相关许可证，并处一万元以上五万元以下罚款。

第八十二条　违反本法规定，通过大众传播媒介或者其他方式贬低损害妇女人格的，由公安、网信、文化旅游、广播电视、新闻出版或者其他有关部门依据各自的职权责令改正，并依法给予行政处罚。

第八十三条　用人单位违反本法第四十三条和第四十八条规定的，由人力资源和社会保障部门责令改正；拒不改正或者情节严重的，处一万元以上五万元以下罚款。

第八十四条　违反本法规定，对侵害妇女权益的申诉、控告、检举，推诿、拖延、压制不予查处，或者对提出申诉、控告、检举的人进行打击报复的，依法责令改正，并对直接负责的主管人员和其他直接责任人员给予处分。

国家机关及其工作人员未依法履行职责，对侵害妇女权益的行为未及时制止或者未给予受害妇女必要帮助，造成严重后果的，依法对直接负责的主管人员和其他直接责任人员给予处分。

违反本法规定，侵害妇女人身和人格权益、文化教育权益、劳动和社会保障权益、财产权益以及婚姻家庭权益的，依法责令改正，直接负责的主管人员和其他直接责任人员属于国家工作人员的，依法给予处分。

第八十五条　违反本法规定，侵害妇女的合法权益，其他法律、法规规定行政处罚的，从其规定；造成财产损失或者人身损害的，依法承担民事责任；构成犯罪的，依法追究刑事责任。

第十章　附　　则

第八十六条　本法自 2023 年 1 月 1 日起施行。

女职工劳动保护特别规定

（2012年4月18日国务院第200次常务会议通过 2012年4月28日中华人民共和国国务院令第619号公布 自公布之日起施行）

第一条 为了减少和解决女职工在劳动中因生理特点造成的特殊困难，保护女职工健康，制定本规定。

第二条 中华人民共和国境内的国家机关、企业、事业单位、社会团体、个体经济组织以及其他社会组织等用人单位及其女职工，适用本规定。

第三条 用人单位应当加强女职工劳动保护，采取措施改善女职工劳动安全卫生条件，对女职工进行劳动安全卫生知识培训。

第四条 用人单位应当遵守女职工禁忌从事的劳动范围的规定。用人单位应当将本单位属于女职工禁忌从事的劳动范围的岗位书面告知女职工。

女职工禁忌从事的劳动范围由本规定附录列示。国务院安全生产监督管理部门会同国务院人力资源社会保障行政部门、国务院卫生行政部门根据经济社会发展情况，对女职工禁忌从事的劳动范围进行调整。

第五条 用人单位不得因女职工怀孕、生育、哺乳降低其工资、予以辞退、与其解除劳动或者聘用合同。

第六条 女职工在孕期不能适应原劳动的，用人单位应当根据医疗机构的证明，予以减轻劳动量或者安排其他能够适应的劳动。

对怀孕 7 个月以上的女职工，用人单位不得延长劳动时间或者安排夜班劳动，并应当在劳动时间内安排一定的休息时间。

怀孕女职工在劳动时间内进行产前检查，所需时间计入劳动时间。

第七条 女职工生育享受 98 天产假，其中产前可以休假 15 天；难产的，增加产假 15 天；生育多胞胎的，每多生育 1 个婴儿，增加产假 15 天。

女职工怀孕未满 4 个月流产的，享受 15 天产假；怀孕满 4 个月流产的，享受 42 天产假。

第八条 女职工产假期间的生育津贴，对已经参加生育保险的，按照用人单位上年度职工月平均工资的标准由生育保险基金支付；对未参加生育保险的，按照女职工产假前工资的标准由用人单位支付。

女职工生育或者流产的医疗费用，按照生育保险规定的项目和标准，对已经参加生育保险的，由生育保险基金支付；对未参加生育保险的，由用人单位支付。

第九条 对哺乳未满 1 周岁婴儿的女职工，用人单位不得延长劳动时间或者安排夜班劳动。

用人单位应当在每天的劳动时间内为哺乳期女职工安排1小时哺乳时间；女职工生育多胞胎的，每多哺乳1个婴儿每天增加1小时哺乳时间。

第十条 女职工比较多的用人单位应当根据女职工的需要，建立女职工卫生室、孕妇休息室、哺乳室等设施，妥善解决女职工在生理卫生、哺乳方面的困难。

第十一条 在劳动场所，用人单位应当预防和制止对女职工的性骚扰。

第十二条 县级以上人民政府人力资源社会保障行政部门、安全生产监督管理部门按照各自职责负责对用人单位遵守本规定的情况进行监督检查。

工会、妇女组织依法对用人单位遵守本规定的情况进行监督。

第十三条 用人单位违反本规定第六条第二款、第七条、第九条第一款规定的，由县级以上人民政府人力资源社会保障行政部门责令限期改正，按照受侵害女职工每人1 000元以上5 000元以下的标准计算，处以罚款。

用人单位违反本规定附录第一条、第二条规定的，由县级以上人民政府安全生产监督管理部门责令限期改正，按照受侵害女职工每人1 000元以上5 000元以下的标准计算，处以罚款。用人单位违反本规定附录第三条、第四条规定的，由县级以上人民政府安全生产监督管理部门责令限期治理，处5万元以上30万元以下的罚款；情节严重的，责令停止有关作业，或者提请有关人民政府按照国务院规定的权限责令关闭。

第十四条 用人单位违反本规定，侵害女职工合法权益的，女职工可以依法投诉、举报、申诉，依法向劳动人事争议调解仲裁机构申请调解仲裁，对仲裁裁决不服的，依法向人民法院提起诉讼。

第十五条 用人单位违反本规定，侵害女职工合法权益，造成女职工损害的，依法给予赔偿；用人单位及其直接负责的主管人员和其他直接责任人员构成犯罪的，依法追究刑事责任。

第十六条 本规定自公布之日起施行。1988 年 7 月 21 日国务院发布的《女职工劳动保护规定》同时废止。

附录：

女职工禁忌从事的劳动范围

一、女职工禁忌从事的劳动范围：

（一）矿山井下作业；

（二）体力劳动强度分级标准中规定的第四级体力劳动强度的作业；

（三）每小时负重 6 次以上、每次负重超过 20 公斤的作业，或者间断负重、每次负重超过 25 公斤的作业。

二、女职工在经期禁忌从事的劳动范围：

（一）冷水作业分级标准中规定的第二级、第三级、第四级冷水作业；

（二）低温作业分级标准中规定的第二级、第三级、第四级低温作业；

（三）体力劳动强度分级标准中规定的第三级、第四级体力劳动强度的作业；

（四）高处作业分级标准中规定的第三级、第四级高处作业。

三、女职工在孕期禁忌从事的劳动范围：

（一）作业场所空气中铅及其化合物、汞及其化合物、苯、镉、铍、砷、氰化物、氮氧化物、一氧化碳、二硫化碳、氯、己内酰胺、氯丁二烯、氯乙烯、环氧乙烷、苯胺、甲醛等有毒物质浓度超过国家职业卫生标准的作业；

（二）从事抗癌药物、己烯雌酚生产，接触麻醉剂气体等的作业；

（三）非密封源放射性物质的操作，核事故与放射事故的应急处置；

（四）高处作业分级标准中规定的高处作业；

（五）冷水作业分级标准中规定的冷水作业；

（六）低温作业分级标准中规定的低温作业；

（七）高温作业分级标准中规定的第三级、第四级的作业；

（八）噪声作业分级标准中规定的第三级、第四级的作业；

（九）体力劳动强度分级标准中规定的第三级、第四级体力劳动强度的作业；

（十）在密闭空间、高压室作业或者潜水作业，伴有强烈振动的作业，或者需要频繁弯腰、攀高、下蹲的作业。

四、女职工在哺乳期禁忌从事的劳动范围：

（一）孕期禁忌从事的劳动范围的第一项、第三项、第九项；

（二）作业场所空气中锰、氟、溴、甲醇、有机磷化合物、有机氯化合物等有毒物质浓度超过国家职业卫生标准的作业。

上海市女职工劳动保护办法

（1990年9月21日上海市人民政府发布　根据2010年12月6日上海市人民政府第92次常务会议审议通过　2010年12月20日上海市人民政府令第52号公布自公布之日起施行的《上海市人民政府关于修改〈上海市农机事故处理暂行规定〉等148件市政府规章的决定》修正并重新发布）

第一条　为切实保护女职工在劳动中的安全和健康，维护其合法权益，发挥广大女职工在社会主义各项事业中的重要作用，根据国务院《女职工劳动保护规定》，结合本市实际情况，制定本办法。

第二条　本办法适用于本市全民所有制企业、城镇集体所有制企业、外商投资企业、私营企业以及国家机关、团体和事业单位(以下简称单位)。

本办法所称的女职工是指固定职工、合同制职工和临时职工。

第三条　各单位及其上级主管部门，必须严格执行国家和本市有关女职工劳动保护的法律、法规和规章，并确定负责女职工劳动保护工作的机构或人员，加强管理和监督。

第四条　各单位必须根据女职工的生理特点和所从

事工作的特点，加强劳动保护工作；应通过技术改造、工艺改革、设备更新、改进劳防用品等途径和方式，改善劳动条件，并采取有效措施加强对女职工的安全教育和安全技术培训。

第五条 凡适合妇女从事劳动的单位，不得拒绝招收女职工；各单位在安排女职工工作岗位时，不得以任何方式加以歧视和限制。

第六条 各单位不得在女职工妊娠期、产期和哺乳期降低其基本工资；不得以女职工妊娠、生育和哺乳为由，解除其劳动合同。

第七条 禁止安排女职工从事下列工作：

(一) 矿山井下、人工锻打、人工装卸、冷藏、强烈振动的工作；

(二) 国家规定的第四级体力劳动强度的劳动；

(三) 建筑业脚手架的组装和拆除作业，以及电力、电信行业的高处架线作业；

(四) 连续负重(指每小时负重次数在六次以上)每次超过二十公斤，间断负重每次超过二十五公斤的工作。

第八条 对从事高空、低温、冷水、野外流动和国家规定的第三级体力劳动强度作业的女职工，在月经期间应暂时调做其他工作或给予公假一天。对其他生产第一线的女职工，在月经期间也应酌情给予照顾。

第九条 禁止安排妊娠期和哺乳期的女职工从事下列工作：

（一）国家规定的第三级体力劳动强度的工作。

（二）生产或使用铅、苯、汞、镉、二硫化碳的工作，以及超过卫生防护要求剂量当量限值的放射性工作。

（三）生产抗癌药物、性激素的工作或接触锰、铬、铍、砷、磷及其化合物和苯胺、环氧乙烷、氯乙烯及其他有机氯化合物的工作。

（四）在氰化物、氮氧化物、一氧化碳、氯、己内酰胺、甲醛、氟、溴、甲醇等浓度超过国家卫生标准的场所内工作。

前款第(二)项所指的生产或使用铅、苯、汞、镉和二硫化碳工作的具体范围，由市人力资源社会保障局另行规定。

第十条 禁止安排未育女职工从事本办法第九条第一款第(二)项或生产性激素工作。

第十一条 对妊娠期的女职工，不应延长其劳动时间；对从事频繁弯腰、攀高、下蹲、抬举、搬运等容易引起流产、早产的工作，或者经区、县级以上医疗机构证明不宜从事原工作的，应暂时调做其他适当工作或酌情减轻工作量。

第十二条 女职工妊娠七个月以上(按二十八周计算)，应给予每天工间休息一小时，不得安排夜班劳动。如工作许可，经本人申请，单位批准，可请产前假两个半月。

第十三条 女职工妊娠期间在医疗保健机构约定的

劳动时间内进行产前检查(包括妊娠十二周内的初查),应算作劳动时间。

第十四条 女职工产假分别按下列情况执行:

(一) 单胎顺产者,给予产假九十天,其中产前休息十五天,产后休息七十五天。

(二) 难产者,增加产假十五天;多胞胎生育者,每多生育一个婴儿,增加产假十五天。

(三) 妊娠三个月内自然流产或子宫外孕者,给予产假三十天;妊娠三个月以上,七个月以下自然流产者,给予产假四十五天。

第十五条 女职工生育后,在其婴儿一周岁内应照顾其在每班劳动时间内授乳两次(包括人工喂养)。每次单胎纯授乳时间为三十分钟,亦可将两次授乳时间合并使用。多胞胎生育者,每多生一胎,每次哺乳时间增加三十分钟。

婴儿满一周岁后,经区、县级以上医疗保健机构确诊为体弱儿的,可适当延长女职工授乳时间,但最多不超过六个月。

授乳时间及在本单位内授乳往返时间,应算作劳动时间。

第十六条 女职工生育后,若有困难且工作许可,由本人提出申请,经单位批准,可请哺乳假六个半月。

第十七条 女职工在哺乳期间,不得延长其劳动时间，一般不得安排其从事夜班劳动。

第十八条 女职工在产假期间的工资照发。按本规定享受的产前假和哺乳假的工资按本人原工资的百分之八十发给。单位增加工资时，女职工按规定享受的产前假、产假、哺乳假、应作出勤对待。

第十九条 对经区、县级以上医疗保健机构确诊患有较严重更年期综合症的女职工，应给予照顾，可暂时调做其他适当工作或酌情减轻工作量。

第二十条 日班次中有一个班次的女职工在一百人以上的单位，应设置女职工卫生室和孕妇休息室等妇幼保健设施；日班次女职工均不满一百人的单位，可设置简易的温水箱及冲洗器，具体的设置标准，由市人力资源社会保障局另行规定。

流动、分散作业的单位，可发放单人自用冲洗器。

第二十一条 各单位应每两年对女职工（含退休女职工）进行一次妇科病检查，及时治疗妇科疾病。

女职工在四百人以上设有医务室的单位，应逐步配备一名专职或兼职妇科医生。

第二十二条 女职工劳动保护的权益受到侵害时，依照国务院的有关规定，有权向所在单位的上级主管部门或者该单位所在地区、县人力资源社会保障部门提出申诉。受理申诉的部门应当自收到申诉书之日起三十日内作出处理决定。女职工对处理决定不服的，可在收到处理决定书之日起十五日内向人民法院起诉。

第二十三条 对违反国务院《女职工劳动保护规定》和本办法，侵害女职工劳动保护权益的单位负责人及其直接责任者，由其所在单位的上级主管部门，根据情节轻重，分别给予警告、记过、记大过等行政处分，并责令该单位给予被侵害女职工合理的经济补偿；构成犯罪的，由司法机关依法追究刑事责任。

各级人力资源社会保障部门应对各单位贯彻执行本办法的情况实行国家监察。对违反者，应依照国家和本市有关规定给予惩处。

第二十四条 各级工会、妇联组织应根据自身工作的特点，开展对女职工劳动保护的宣传、教育、咨询、服务工作，依靠群众，协同有关部门，实行社会监督。

第二十五条 对违反国家和本市有关计划生育规定的女职工，其产前假、产假、哺乳假等待遇按有关规定处理。

第二十六条 乡镇集体企业的女职工劳动保护，由市人力资源社会保障局会同有关部门参照本办法另行规定。

第二十七条 本办法由上海市人力资源和社会保障局负责解释。

第二十八条 本办法自一九九〇年十一月一日起施行。一九八七年三月五日上海市人民政府发布的《上海市女职工劳动保护暂行规定》同时废止。

上海市人口与计划生育条例

（2003年12月31日上海市第十二届人民代表大会常务委员会第九次会议通过　根据2014年2月25日上海市第十四届人民代表大会常务委员会第十一次会议《关于修改〈上海市人口与计划生育条例〉的决定》第一次修正　根据2016年2月23日上海市第十四届人民代表大会常务委员会第二十七次会议《关于修改〈上海市人口与计划生育条例〉的决定》第二次修正　根据2021年11月25日上海市第十五届人民代表大会常务委员会第三十七次会议《关于修改〈上海市人口与计划生育条例〉的决定》第三次修正）

第一章　总　　则

第一条　为了实现人口、经济、社会、资源、环境的全面、协调和可持续发展，推行计划生育，维护公民的合法权益，促进家庭幸福、民族繁荣与社会进步，根据《中华人民共和国人口与计划生育法》，结合本市实际情况，制定本条例。

第二条　本条例适用于本市行政区域内的人口与计划生育工作。

第三条　各级人民政府应当加强对人口与计划生育

工作的领导，采取综合措施，调控人口数量，推动实现适度生育水平，提高人口素质，优化人口结构，促进人口合理分布，实现人口长期均衡发展。

各级人民政府应当加强宣传教育，依靠科学技术进步，完善综合服务，建立、健全奖励和社会保障制度，做好人口与计划生育工作。

第四条 市卫生健康部门依照法定职责负责本市行政区域内的计划生育工作和与计划生育有关的人口工作。区卫生健康部门依照法定职责负责本辖区内的计划生育工作和与计划生育有关的人口工作。

发展改革、公安、人力资源社会保障、财政、税务、医保、民政、统计、教育、市场监管、药品监管、房屋管理等部门在各自的职责范围内，做好相关管理工作。

乡、镇人民政府和街道办事处负责做好本辖区内的人口与计划生育管理工作。

第五条 工会、共产主义青年团、妇女联合会，计划生育协会、人口学会等社会团体，企业、事业单位、其他社会组织和公民都应当协助人民政府开展人口与计划生育工作。

居民委员会、村民委员会协助人民政府开展计划生育工作，并应当配备相应的专职或者兼职人员。

第六条 各级人民政府应当把人口与计划生育经费纳入财政预算，保障人口与计划生育工作必要的经费，并根据国民经济和社会发展状况逐步提高人口与计划生育经费投入的总体水平。

第七条 人口与计划生育工作应当作为本市社会主义精神文明建设的重要内容。

第八条 各级人民政府应当对在人口与计划生育工作中做出显著成绩和贡献的单位和个人给予表彰和奖励。

机关、社会团体、企业、事业单位、其他社会组织应当对在本单位人口与计划生育工作中做出显著成绩和贡献的人员给予表彰和奖励。

第二章 人口综合管理

第九条 市和区人民政府根据上一级人民政府的人口发展规划,结合本行政区域实际情况,编制人口发展中、长期规划和年度计划,并将其纳入国民经济和社会发展计划。

第十条 发展改革、卫生健康、统计以及其他有关部门负责开展人口总量、人口出生、人口死亡、人口结构、人口迁移等人口发展趋势的中、长期预测,为制定人口发展规划和人口综合调控决策提供依据。

第十一条 市和区人民政府根据人口发展中、长期规划,制定本行政区域的人口与计划生育实施方案并组织实施。

市和区卫生健康部门负责实施人口与计划生育实施

方案的日常工作。

乡、镇人民政府和街道办事处负责贯彻落实人口与计划生育实施方案。

人口与计划生育实施方案应当规定调控人口数量，提高人口素质，推动实现适度生育水平，优化人口结构，加强母婴保健和婴幼儿照护服务，促进家庭发展的措施。

第十二条 市人民政府对区人民政府，区人民政府对乡、镇人民政府和街道办事处完成人口与计划生育工作年度任务情况进行考评。

第十三条 户籍所在地与现居住地不一致的，计划生育工作由其户籍所在地和现居住地的人民政府共同负责，以现居住地管理为主。

第十四条 市人民政府根据经济、社会发展水平和资源、环境的承载能力，确定人口发展规模，调控常住人口总量。

市和区人民政府应当完善生育调节政策，建立常住人口流入流出调控机制，合理控制人口机械增长。

第十五条 市和区人民政府在制定和实施城市规划时，应当控制中心城人口规模，引导城乡人口合理分布。

有关行政管理部门在编制和实施产业、住宅、交通、科学技术、教育、文化、卫生、人力资源社会保障等专业规划时，应当与区域人口发展规划相适应。

第十六条 本市制定、实施的生育调节、人口迁移、人口流动等制度和措施，应当有利于优化人口年龄结构，缓解人口老龄化。

第十七条 各级卫生健康部门应当加强母婴保健工作，降低婴儿死亡率和出生缺陷发生率，提高出生婴儿健康水平。

本市提倡公民进行婚前医学检查、孕前优生健康检查和孕产期检查。市人民政府应当制定有利于公民自愿进行婚前医学检查、孕前优生健康检查和孕产期检查的措施。

医疗卫生机构应当开展优生优育知识宣传教育，提供围孕期、孕产期保健服务，以及计划生育、优生优育、生殖保健等咨询、指导和技术服务，规范开展不孕不育症诊疗。

医疗卫生机构在为公民进行婚前医学检查、孕前优生健康检查和孕产期检查时，应当提供规范、优质的服务，并为当事人保守秘密。医师和助产人员应当严格遵守有关操作规程，预防和减少产伤。

第十八条 卫生健康、教育、广播电视、新闻出版、民政等相关部门和社会团体应当相互配合，开展生殖健康的宣传、教育，倡导健康的生活方式，增强公民的自我保健意识，做好艾滋病和影响生殖健康的其他疾病的预防和治疗工作。

第十九条 禁止任何机构和个人开展非医学需要的胎儿性别鉴定或者选择性别的人工终止妊娠手术。

第二十条　统计、卫生健康、公安等部门按照各自职责，对本市户籍人口和在本市居住一定期限的非本市户籍人口开展常规统计、抽样调查、专项调查，并定期向社会公布统计分析数据。

第二十一条　卫生健康部门按照国家和本市有关规定，建立和完善人口与计划生育信息系统。

卫生健康、公安、教育、民政、人力资源社会保障、医保等部门应当通过本市大数据资源平台相互提供与人口管理相关的数据，实现人口信息共享，依法开展人口信息资源的综合开发和利用。

第三章　生育调节

第二十二条　公民有生育的权利，也有依法实行计划生育的义务。

夫妻双方共同负有实行计划生育的责任，在作出生育决定时应当平等协商，相互尊重。

公民实行计划生育的合法权益受法律保护。

第二十三条　提倡适龄婚育、优生优育。一对夫妻可以生育三个子女。

一对夫妻共同生育了三个子女，其中一个子女经区或者市病残儿医学鉴定机构鉴定为非遗传性残疾的，可以要求安排再生育子女。

第二十四条　从外省、自治区、直辖市迁入本市的少数民族公民，迁入前取得原户籍地县级以上卫生健康部门再生育子女证明的，可以要求安排再生育子女。

第二十五条 一方为本市户籍，另一方为外省、自治区、直辖市户籍的夫妻，要求安排再生育子女的，可以选择适用本条例的规定。

第二十六条 本市居民与香港特别行政区居民、澳门特别行政区居民、台湾地区居民、外国人结婚后的生育政策，按照国家有关规定执行。

华侨、归侨、侨眷的生育政策，按照国家有关规定执行。

第二十七条 符合本条例第二十三条规定的夫妻，要求安排再生育子女的，应当按照下列程序办理：

(一) 向女方户籍地的乡、镇人民政府或者街道办事处提交再生育申请表，并提供本条例规定的材料。

(二) 乡、镇人民政府或者街道办事处应当自收到再生育申请表及本条例规定的全部材料之日起七个工作日内提出受理意见，并将受理意见及全部申请材料报区卫生健康部门。

(三) 区卫生健康部门应当自收到乡、镇人民政府或者街道办事处报送的受理意见和全部申请材料之日起十个工作日内审查完毕。对符合条件的，发给再生育告知书；对不符合条件的，应当书面通知申请人，并说明理由。

依据本条例第二十五条规定，选择适用本条例规定要求安排再生育子女的，向本市一方户籍地的乡、镇人民政府或者街道办事处按照前款规定的程序办理。

第二十八条 符合本条例规定的条件要求安排再生育子女的，应当提供下列基本材料：

（一）身份证明；

（二）户籍证明；

（三）婚姻状况证明；

（四）已有子女状况的声明。

（五）区或者市病残儿医学鉴定机构的鉴定材料。

第二十九条 市卫生健康部门应当根据本市人口出生变动趋势，向社会公布人口出生预报信息。

公民可以根据人口出生预报信息，结合家庭实际，选择生育时间和生育间隔。

第三十条 本市建立新生儿出生、死亡报告制度和终止妊娠统计制度。

医疗卫生机构应当定期向所在地的卫生健康部门报告新生儿出生、死亡的个案信息和终止妊娠的统计信息。

医疗卫生机构、卫生健康部门应当对上述个案信息予以保密。

第四章 奖励与社会保障

第三十一条 符合法律规定结婚的公民，除享受国家规定的婚假外，增加婚假七天。

符合法律、法规规定生育的夫妻，女方除享受国家规定的产假外，还可以再享受生育假六十天，男方享受配偶陪产假十天。生育假享受产假同等待遇，配偶陪产假期间的工资，按照本人正常出勤应得的工资发给。

符合法律、法规规定生育的夫妻，在其子女年满三周岁之前，双方每年可以享受育儿假各五天。育儿假期间的工资，按照本人正常出勤应得的工资发给。

鼓励用人单位采取有利于照顾婴幼儿的灵活休假和弹性工作措施，支持家庭生育、养育。

第三十二条 公民实行计划生育手术，享受国家规定的休假及其待遇。

第三十三条 实行计划生育的育龄夫妻免费享受国家规定的基本项目的计划生育技术服务。

第三十四条 市和区人民政府应当采取财政、教育、住房、就业、保险等支持措施，减轻家庭生育、养育、教育负担。

第三十五条 市和区人民政府应当综合采取规划、土地、住房、财政、金融、人才等方面措施，建立健全普惠托育服务体系，提高婴幼儿家庭获得服务的可及性和公平性。

鼓励和引导社会力量举办托育机构，支持幼儿园和机关、企业、事业单位、社区提供托育服务。

托育机构的设置和服务应当符合国家和本市有关标准和规范。托育机构应当向区教育部门备案。

第三十六条　各级人民政府应当在城乡社区建设改造中，按照国家和本市有关规定，建设相应的婴幼儿活动场所及配套服务设施。

公共场所和女职工比较多的用人单位应当按照国家和本市有关规定，配置母婴设施，为婴幼儿照护、哺乳提供便利条件。

第三十七条　教育、卫生健康等部门和妇女联合会应当按照各自职责，加强对家庭婴幼儿照护的支持和指导，提供多种形式的家庭科学育儿指导服务，增强家庭的科学育儿能力。

医疗卫生机构应当按照规定为婴幼儿家庭开展预防接种、疾病防控等服务，提供膳食营养、生长发育等健康指导。

乡、镇人民政府和街道办事处应当根据实际需要，依托社区公共服务设施提供短期、临时婴幼儿照护服务，为家庭照护婴幼儿提供支持和帮助。

第三十八条　在国家提倡一对夫妻生育一个子女期间，自愿终身只生育一个子女的公民，在子女十六周岁以前，由区卫生健康部门按照有关规定向其颁发《独生子女父母光荣证》(以下简称《光荣证》)。

第三十九条　持有《光荣证》的公民，可以享受以下奖励：

(一) 在子女年满十六周岁前，领取独生子女父母奖励费；

（二）农民在调整自留地和安排宅基地时，其独生子女按两个人计算分配面积；

（三）在年老退休时，领取一次性计划生育奖励费。

奖励的具体办法，由市人民政府另行规定。

持有《光荣证》的公民生育第二个及以上子女的，应当退回《光荣证》，并终止凭证享受的相关待遇。

在国家提倡一对夫妻生育一个子女期间，按照规定应当享受计划生育家庭老年人奖励扶助的，继续享受相关奖励扶助，并在老年人福利、养老服务等方面给予必要的优先和照顾。

第四十条 持有《光荣证》的公民，其独生子女发生意外伤残或者死亡，不愿再生育和收养子女的，由区人民政府按照市人民政府的有关规定给予一次性补助。

市和区人民政府应当建立健全对上述人群的生活、养老、医疗、精神慰藉等全方位帮扶保障制度。

第四十一条 依法生育子女的妇女，按照国家和本市的规定，享受生育保险待遇。

第四十二条 各级人民政府和各有关部门在制定老年保障制度和措施时，应当体现对独生子女父母的优先照顾。

第四十三条 依法生育子女的公民，按照本市有关规定报销子女入托儿所、幼儿园的部分托费和管理费。

第五章　法 律 责 任

第四十四条　机构和个人开展非医学需要的胎儿性别鉴定或者选择性别的人工终止妊娠手术的，按照国家有关法律、法规处罚。

第四十五条　托育机构违反幼儿养育保育标准和规范的，由教育部门责令改正，给予警告；拒不改正的，处五千元以上五万元以下的罚款；情节严重的，责令停止托育服务，并处五万元以上十万元以下的罚款。

托育机构违反食品安全、药品管理、房屋安全、公共卫生、消防安全等方面管理规定的，由市场监管、药品监管、房屋管理、卫生健康等部门和消防救援机构按照各自职责依法查处。

第四十六条　当事人对行政管理部门的具体行政行为不服的，可以依照《中华人民共和国行政复议法》或者《中华人民共和国行政诉讼法》的规定，申请行政复议或者提起行政诉讼。

第四十七条　卫生健康以及其他有关行政管理部门的工作人员玩忽职守、滥用职权、徇私舞弊的，由其所在单位或者上级主管部门依法给予处分；构成犯罪的，依法追究刑事责任。

第六章　附　　则

第四十八条　本条例自 2004 年 4 月 15 日起施行。

1990 年 3 月 14 日上海市第九届人民代表大会常务委员会第十六次会议通过的《上海市计划生育条例》同时废止。在本条例施行前结婚，且婚后未生育又未收养子女的夫妻，仍可以按照《上海市计划生育条例》第二十七条的规定享受奖励待遇。

图书在版编目(CIP)数据

《上海市妇女权益保障条例》释义/《〈上海市妇女权益保障条例〉释义》编写组编. —上海:上海人民出版社,2023
ISBN 978-7-208-18614-9

Ⅰ. ①上… Ⅱ. ①上… Ⅲ. ①妇女权益保障法-法律解释-上海 Ⅳ. ①D927.510.385

中国国家版本馆 CIP 数据核字(2023)第 200716 号

责任编辑 伍安洁
封面设计 一本好书

《上海市妇女权益保障条例》释义
《〈上海市妇女权益保障条例〉释义》编写组 编

出　　版 上海人民出版社
(201101 上海市闵行区号景路 159 弄 C 座)
发　　行 上海人民出版社发行中心
印　　刷 上海商务联西印刷有限公司
开　　本 850×1168 1/32
印　　张 10
字　　数 172,000
插　　页 2
版　　次 2023 年 11 月第 1 版
印　　次 2023 年 11 月第 1 次印刷
ISBN 978-7-208-18614-9/D·4226
定　　价 40.00 元